D1985146

Das Ereignis

Chemiekatastrophe am Rhein

Herausgegeben von Guido Bachmann, Peter Burri und Toya Maissen

Bildredaktion: Claude Giger

Mit einem Nachwort von Hans Saner

Lenos Verlag

Copyright © 1986 by Lenos Verlag, Basel
Copyright der einzelnen Beiträge bei den Autoren
Alle Rechte vorbehalten
Satz und Gestaltung: Lenos Verlag, Basel
Umschlag: Konrad Bruckmann
(unter Verwendung eines Fotos der „Keystone")
Printed in Germany
ISBN 3 85787 154 7

Inhalt

Basel im November

Vorwort der Herausgeber

Dieses Buch ist im Zeitraum von vier Wochen entstanden. Es erhebt keinen Anspruch, umfassend zu analysieren, was in Basel und Schweizerhalle am 1. November dieses Jahres und in den ersten Tagen und Wochen „danach" geschehen ist. Sondern es will dokumentieren und *vorläufig* ordnen, was an Zeugnissen, Kommentaren und Manifestationen zur Chemiekatastrophe von Schweizerhalle unmittelbar „danach" – da und dort verstreut – zu Tage kam und unter dem fortlaufenden Druck der „Ereignisse" nun schon in die Verdrängung zu verschwinden droht.

Dieses Buch will der Bevölkerung der Region Basel helfen, die bitteren Erfahrungen, die sie am 1. November, aber auch nachher machen musste, zu verdauen und Zusammenhänge erkennen zu können. Es will aber auch den nicht unmittelbar Betroffenen in anderen Regionen, die zum Teil gar nicht begreifen konnten oder wollten, was in Basel geschehen ist und warum man sich dort „so ungeheuerlich aufregt" (privater Kommentar eines Journalisten aus der Ostschweiz), ein unverschleiertes Bild von „Basel im November" geben.

Die Herausgeber sind der Meinung, dass gerade wir in Basel der Öffentlichkeit schuldig sind, eine erste Dokumentation der Ereignisse um das „Ereignis" von Schweizerhalle zur Verfügung zu stellen. Wir haben uns dazu nicht nur entschlossen, weil wir Mit-Betroffene sind, sondern weil wir uns als Öffentlichkeitsarbeiter dazu auch verpflichtet fühlen.

Wir sind uns bewusst, dass sich – in Europa und anderswo – täglich schlimmere Katastrophen als die von Schweizerhalle ereignen: zivile und militärische. Wir wissen aber auch, dass sie in unserer immer enger vernetzten Welt, deren Leben auf allen Kontinenten immer mehr bedroht wird, einen inneren Zusammenhang haben. Und wir haben erfahren, dass sich in Basel nach der Chemiekatastrophe nicht nur Katastrophengeheul erhob, sondern dass sich da auch neue Kräfte regen, die nicht nur ein Umdenken, sondern auch ein *Umhandeln* fordern.

Wir danken allen, die mit ihrem Engagement und ihrer zusätzlichen Tag- und Nachtarbeit die Herausgabe dieses Bandes ermöglicht haben.

Basel, den 5. Dezember 1986

Guido Bachmann
Peter Burri
Toya Maissen

Düstere Ahnungen

„Und der dritte Engel goss aus seine Schale in die Wasserströme und in die Wasserbrunnen; und es ward Blut."

Apokalypse 16,4

Wir, wir sind hier
Gefangene des Himmels
(Aus der „Canzone per Seveso” von Antonello Venditti)

„Totenfloss”

Das Theater wird Wirklichkeit

Auf der Kleinen Bühne des Basler Stadttheaters kommt am 16. Oktober das Stück „Totenfloss” des deutschen Dramatikers Harald Mueller zur Uraufführung – gleichzeitig auch in Stuttgart und Düsseldorf. Mueller zeigt vier Restrisiko-Versehrte, die nach einem GAU (grösster anzunehmender Unfall in einem AKW) oder nach einem Atomkrieg auf einem Floss den verseuchten Rhein hinunter – in den Tod gleiten. Die vier Versehrten sind Ausgestossene aus den „BA's”, den wenigen „Bewohnbaren Arealen”, in die sich die noch nicht Kontaminierten zwischen Basel und Rotterdam verschanzt haben.

In der Basler Inszenierung dieses Stückes von Herbert König markiert der Bühnenbildner Heiko Zolchow den verseuchten Rhein als einen roten Farbstreifen vor dem „Totenfloss”. Am 1. November fliesst der Rhein tatsächlich rotgefärbt durch Basel. Die rote Farbe, die im Theater Gefahr signalisierte, signalisiert nun „in natura” – als Signalfarbe des Chemiekonzerns Sandoz – den hochgiftigen Inhalt von Lagerfässern, der nach dem Brand von Schweizerhalle mit dem Löschwasser in den Rhein gelangte.

(P.B.)

PS. Im Foyer des Basler Theaters hängt ein Satz aus Muellers „Totenfloss”: *Der Tod ist eine Frage der Windrichtung geworden ...* .

„Dann drücken wir die Sirenen ...“

Im September 1986 lieferte Iso Ambühl der „Basler Zeitung“ nach Absprache mit der Lokalredaktion einen Artikel über Katastrophendispositive im Falle eines grösseren Chemieunfalls in der Region Basel. Der Text blieb auf der Redaktion bis auf weiteres liegen. Nach der Katastrophe von Schweizerhalle hat die „Basler Zeitung“ dem Autor ein Ausfallhonorar bezahlt. Wir entnehmen diesem Text folgende Passagen:

(...)
Bei einem Chemieunfall in Basel, so Polizeisprecher Robert Heuss, liege es in der Verantwortung der Ereignisdienste der chemischen Industrie, die ja als erste auf dem Schadenplatz seien, die Einsatzzentrale der Polizei unverzüglich zu informieren: „Sie müssen uns sagen – da nützt keine staatliche Stelle, weil sie nicht an Ort ist –, ob der Unfall gefährlich oder ungefährlich ist – im Zweifelsfall ist er gefährlich: In diesem Fall drücken wir die Sirenen und informieren gleichzeitig das Radio.“

Nach Ansicht von Max Heusser, verantwortlich für die technischen Dienste im Sandoz-Werk Basel, ist es „Unsinn“ zu verlangen, dass bei einem Unfall noch grosse Analysen über die möglichen Schadstoffe gemacht werden: „Der Chef unserer Einsatzdienste hat sofort zu handeln. Den sehr schwierigen Entscheid, ob der Unfall gefährlich oder ungefährlich ist, kann ihm niemand abnehmen. Wie er auch entscheiden wird, nachher wird es immer einige Besserwisser geben.“

Da die Sirenen in Basel zur Zeit erneuert werden, ist die Alarmierung der Bevölkerung mit diesem System momentan nicht in der ganzen Stadt möglich. Bruno Leuenberger, Chef des Basler Zivilschutzes, gibt zu, dass in Grossbasel-West und Grossbasel-Ost zur Zeit Lautsprecher-Wagen eingesetzt werden müssten.

(...)

BL-Polizeikommandant Hans Suter hält unmissverständlich fest, dass der Kanton bei Katastrophenlagen „federführend" sei. Diese Tatsache musste der Gemeinderat von Pratteln erfahren, der nach dem Brandfall vom 20. August 1982 bei der Chemiefirma Rohner AG eine „Kommission für die Ausarbeitung eines Sicherheitskonzeptes für den Katastrophenfall" einsetzte. Im März dieses Jahres wurde dieses Pionierprojekt jedoch wieder abgebrochen. „Wir mussten uns belehren lassen", erläuterte Gemeinderat Chasper Cadonau, „dass der Katastropheneinsatz Sache des Kantons ist. Sicher wird zwar unsere Feuerwehr als erste auf dem Unfallplatz sein, dann aber werden die kantonalen Instanzen das Kommando übernehmen, und wir haben dann zuzusehen."

(...)

Ein abschreckendes Beispiel von Informationspolitik ist die Chemiekatastrophe im indischen Bhopal vom 2. Dezember 1984. Der belgische Toxikologe A. Heyndrickx hat nach eigenen Recherchen laut „Chemischer Rundschau" (Ausgabe vom 6.9.85) folgende Mängel aufgedeckt: „Auf telefonische Anfrage von Spitalangestellten erklärte die Firma Union Carbide, es bestehe kein Grund zur Beunruhigung. Bei einem weiteren Anruf hiess es, man habe alles unter Kontrolle – danach wurde das Firmentelefon nicht mehr abgenommen. Auch die indischen Behörden reagierten kopflos. Sämtliche Verantwortlichen der Stadtverwaltung verliessen die Stadt mit ihren Familien. Lediglich ein Polizeioffizier und ein Polizist hielten die Stellung. Alle Hilfe kam von Freiwilligen."

Cabaret Local

z'Basel an mym Rhy

Am 24. Oktober 1986 bringen Vreni Schmidlin (V), Paul Burkhalter (P) und der Pianist Art Paul in ihrem „Cabaret Local" im Basler „Atlantis" folgenden Sketch zur Aufführung:

P: Guete-n-Obe, myni Dame und Herre.
V: Mer begriesse Sie ganz härzligg in unserem Frytigs-Studio.
P: Hütt zobe goht's um ihri Gsundheit, liebi Zueschauer,
V: denn vorbeugen ist besser als ersticken.
P: Mir dien zwor nachbeugen, denn die Artikel sinn erscht nach de Unfäll –
V: d'Basler Chemie sait dämm Zwüschefäll –
P: uff em Märt erschiene.

Art Paul spielt „z'Basel an mym Rhy".

V: Jä, myni Dame und Herre, wie lang isch das här, dass me no unbelaschtet hett könne sage:
P: I gang no ne bitz früschi Luft go schnappe.
V: Hütt mien Sie uffbasse, dass Sie vo dr belaschtete Luft nitt gschnappt wärde.
P: Am 5. Auguscht isch Basel in de Wolke gschwäbt, in ere Jodwolke.
V: D'Stellignahm vo de Verantwortligge hett dönt wie ne Wätterbricht: Basel heiter, gegen Abend leichte Bewölkung mit kaum ernsthaften Folgen.
P: Dorum do unser erscht Agebott: e Anti-Jod-Maske, Marke Spiel mir das Lied vom Jod.

Art Paul spielt „Spiel mir das Lied vom Tod".

P: Am 4. Septämber isch e Farbstoffwolke über Basel gschwäbt.

V: D'Basler Chemie bringt Farb in dr grau Basler Alltag.

P: D'Stellignahm vo de Verantwortligge: keine Gesundheitsgefährdung.

V: Kunschtschtügg, wie kam me öbbis gföhrde, wo scho vom 5. Auguscht här agschlage isch.

P: Dorum do unser zwait Agebott: e Anti-Farbstoffmaske.

V: Modäll black is black, I want my fresh air back.

Art Paul spielt „Black is black".

P: Am 8. Septämber isch e Bromgaswolke über Basel gschwäbt.

V: D'Stellignahm vo de Verantwortligge: gilt als ungefährlich.

P: E komischi Behauptig, wenn me dänggt, dass me das vo de Atomkraftwärk au emoll gsait hett.

V: Das Bromgas isch eso ungföhrligg gsi, dass alli Lütt vo Klybeck bis ins Elsass Freudeträne in de Auge ka hänn.

P: Und dorum do unser dritts Agebott: e Anti-Bromgas-Maske. Typ smoke gets in your eyes.

Art Paul spielt „Smoke gets in your eyes".

V: Do no ne Tip für unsicheri Käufer: Die Maske sinn au als Trio-Pack erhältligg.

P: Lege Sie am beschte bim näggschte Unfall alli drei uff's Moll a, sicher isch sicher.

V: Herrschaft, was sinn das für schöni Zytte gsi, wo me in Basel aifach numme hundsgwöhnliggs Dioxin verbrennt hett.

Art Paul spielt „z'Basel an mym Rhy".

Das Ereignis

„Die Bevölkerung am rötlich gefärbten Rheinknie erschien auf keinen Barrikaden und kotzte im Mercaptangestank am Allerheiligenmorgen still und schicksalsergeben vor sich hin."

„Aargauer Tagblatt", 3.11.1986

Jürg Bürgi

Chronologie der laufenden Ereignisse

28. Oktober 1986
Hans Wäckerlig vom „Brandverhütungs-Dienst" (BVD), eine Institution des Vororts, der Versicherungen und der interessierten Industrie, inspiziert die Lagergebäude der Sandoz in Schweizerhalle, darunter Bau 956, und freut sich „über die tipptoppe Ordnung".
31. Oktober
20.10 Uhr: Im Bau 314 des Werks Klybeck von Ciba-Geigy überläuft ein Transport-Tank. 1000 Liter Unkrautvertilger mit 400 Kilo des Pflanzengiftes Atrazin gelangen über die Kanalisation in die Chemie-Abwasserreinigungsanlage (ARA).
20.35 Uhr: Die Verantwortlichen von Ciba-Geigy haben „alles unter Kontrolle"; der Alarm lief wie am Schnürchen vom Schichtführer zur Zentrale und von dort zum Umweltschutz-Dienst des Werks und zur ARA. Die giftige Brühe kann in der Kläranlage nicht vom übrigen Chemie-Abwasser getrennt werden, weil die beiden 15'000 Kubikmeter grossen Speichertanks, wie immer am Freitagabend, platschvoll sind. (Ein dritter Tank ist leer, aber in Revision.) Das Atrazin gelangt durch 30'000 Kubikmeter andere Chemie-Abwässer durch die ARA in den folgenden Tagen in den Rhein.
1. November
00.19 Uhr: Fast gleichzeitig entdecken eine Polizei-Patrouille der Baselbieter Kantonspolizei und ein Betriebsarbeiter, dass aus dem Lagergebäude 956 im Werk Schweizerhalle der Sandoz eine Stichflamme schlägt.
00.20 Uhr: Die Werkfeuerwehr löst Grossalarm aus. Katastrophen-Alarm durch die Einsatzzentrale der Kantonspolizei Baselland.
00.44 Uhr: Die Einsatzzentrale der Basler Polizei wird vom Liestaler Polizeikommando informiert, dass in Schweizerhalle eine Sandoz-Lagerhalle im Vollbrand stehe.
00.50 Uhr: Als erstes Mitglied des Katastrophenstabes erscheint Walter Stutz, stellvertretender Baselbieter Kantonschemiker, auf dem Brandplatz. (Er wohnt im nahegelegenen Augst.) Er erfährt vom Alarmpikett-Chemiker, dass das Herbizid Dinotro-o-Kresol (DNOK) brennt. Die erste Sorge gilt der Sicherheit der Feuerwehren, die zunächst versuchen, die dicht neben dem Bau 956 liegenden Lagerhallen, darunter eine mit hochexplosivem Natrium, zu schützen.

00.55 Uhr: In Basel wird ein Teil des Katastrophen-Korps aufgeboten, u.a. Kantonschemiker, Kantonsarzt, Feuerwehrkommandant und Regierungsrat Karl Schnyder.

In beiden Kantonen werden Luftmessungen vorbereitet.

01.22 Uhr: In Basel wird der Chef des Zivilschutzes aufgeboten.

01.35 Uhr: Der Baselbieter Polizeikommandant, Major Hans Suter, trifft in Schweizerhalle ein und übernimmt die Leitung des Krisenstabes.

01.50 Uhr: Der Pikettdienst des Basler Gewässerschutzamtes (GSA) erhält telefonisch Informationen über den Brand.

02.00 Uhr: Walter Stutz erhält die Lagerliste mit den im südlichen Teil der Lagerhalle 956 gelagerten Chemikalien. Über die Stoffe im nördlichen Teil des Lagers können nur vage Angaben gemacht werden.

02.35 Uhr: Der Zivilschutz-Kommandoposten in Muttenz ist besetzt.

03.00 Uhr: Zusammen mit dem anwesenden Pikettmann des Amtes für Umweltschutz und Energie Baselland inspiziert der Basler Gewässerschützer den Rhein. Er will sofort den „Internationalen Warn- und Alarmdienst 'Rhein'" (IWAR) auslösen. Beide gehen zurück in den Unterstand des Krisenstabes. Dort angekommen, erfahren die Wasser-Fachleute von einem Polizisten, dass der internationale Alarm bereits um 03.00 Uhr ausgelöst worden sei. (Hinterher stellt sich dies als Fehlinformation heraus. Ausgelöst worden war bloss der regionale Alarm, bei dem das Öl-Pikett des Landratsamtes Lörrach und die elsässische Gewässerschutz-Polizei in Neu-Breisach informiert wurde.)

03.30 Uhr: Die Medienleute werden über den Entscheid des Einsatzleiters informiert, in Muttenz Chemie-Alarm auszulösen.

03.40 Uhr: Die Reporter von Radio DRS und Radio Basilisk schalten sich direkt in die Programme ihrer Sender ein und geben Verhaltens-Anweisungen.

03.43 Uhr: In Muttenz heulen die Sirenen.

04.00 Uhr: In Basel alarmieren Polizeifahrzeuge mit Lautsprecher-Durchsagen (Fenster schliessen! Zu Hause bleiben! Radio hören!) die Bevölkerung.

04.30 Uhr: In seine Wohnung zurückgekehrt, ruft der Basler GSA-Beamte seinen Chef, Germain Della Bianca, und einen Adjunkten an und informiert sie über die Katastrophe. Er bestätigt beiden, dass die Polizei den internationalen Rhein-Alarm ausgelöst habe.

04.40 Uhr: Das ganze Stadtgebiet von Basel wird in das Warnungsdispositiv einbezogen. Der Katastrophenstab in Schweizerhalle erfährt nichts davon.

04.45 Uhr: Der Pikettmann vom GSA vergewissert sich bei der Hauptwarnzentrale in Mannheim, ob die Meldung über den Sandoz-Brand einge-

troffen sei. Das wird ihm bestätigt. „Anschliessend", heisst es im Protokoll des GSA, „verfolgt er das Geschehen weiter, um (...) den beiden Hauptwarnzentralen in Strasbourg und Mannheim den Umfang und die Art der Gewässerverschmutzung bekanntgeben zu können.
04.50 Uhr: Das Basler Zeughaus wird mobilisiert. Es werden Gasmasken bereitgestellt und ausgegeben.
05.00 Uhr: Der Krisenstab in Basel beschliesst, den Betrieb der öffentlichen Verkehrsmittel einzustellen und die Leute aufzufordern, zu Hause zu bleiben. Neben BLT und BVB (Strassenbahnen) sind von dieser Massnahme auch die Staatsbahnen SBB, SNCF und DB betroffen.

Der Brand kommt unter Kontrolle. Deshalb nimmt die Rauchentwicklung stark zu. In Birsfelden, Münchenstein, Binningen, Bottmingen, Allschwil und Oberwil wird alarmiert.
05.30 Uhr: Auch in Basel (so weit das wegen der unbrauchbaren Sirenen möglich ist) und in den Agglomerations-Gemeinden heulen die Sirenen.
05.55 Uhr: Die Autobahn ist wieder offen.
06.05 Uhr: Der Brand ist gelöscht. Es bilden sich mehr Chemikalien-Dämpfe.
06.58 Uhr: Der Krisenstab in Schweizerhalle gibt Entwarnung.
07.00 Uhr: Landschreiber Walter Mundschin, Informationschef der Einsatzleitung, gibt Entwarnung bekannt.
07.05 Uhr: Der öffentliche Verkehr kommt wieder in Fahrt. Entgegen früheren Meldungen bietet der Basler Krisenstab die Kinder für 09.30 Uhr zum Schulbesuch auf. Erziehungsdirektor Hans Rudolf Striebel (FDP), obwohl mit dem vom Basler Polizeikommandanten Markus Mohler gefällten Entscheid nicht einverstanden, bestätigt ihn später am Radio.
07.32 Uhr: Presse und Radios werden per Telex zu einer Pressekonferenz auf 08.30 nach Schweizerhalle eingeladen.
08.30 Uhr: Vor den Journalisten berichtet der Baselbieter Krisenstab über seine Arbeit. Tenor: „Wir hatten alles im Griff." Gegenseitige Belobigungen. Die Sandoz-Verantwortlichen, Werkleiter Othmar Würsch und Konzernleitungs-Mitglied Hans Winkler, berichten: „Sehr bald" nach Brandausbruch seien Computerausdrucke der gelagerten Chemikalien vorhanden gewesen. Gemäss diesen Lagerlisten befanden sich im Südtrakt des Gebäudes 250 Tonnen Rohstoffe zur Herstellung von Agrochemikalien und auch Fertigprodukte (Düngemittel und Insektizide). Ausserdem gab es 225 Tonnen Harnstoff und wenige Tonnen Kunststoff-Additive. Den Gestank haben wahrscheinlich Mercaptane verursacht, vermuten die Fachleute. Die „Basler Zeitung" macht aber darauf aufmerksam, dass die Gerüche von schwefelhaltigen organischen Phosphorsäure-Ester-Verbindungen stam-

men könnten. Berichtet wird an der ersten Pressekonferenz auch von quecksilberhaltigen Produkten, die im Bau 956 verbrannt seien. Hans Winkler räumt ein, dass man bisher der Lagerung von Chemikalien zu wenig Beachtung geschenkt habe. Als „aufgeklärt" gilt zu diesem Zeitpunkt auch die „auffällige Rotfärbung" des Rheins. Sie stamme von einem Markier-Farbstoff und sei unbedenklich.

Schon kurze Zeit später setzt ein grosses Fischsterben ein.

Der Basler Sanitätsdirektor, Remo Gysin (SP), verlangt von Regierungspräsident Striebel die Einberufung einer Sondersitzung der Regierung. Der Antrag wird abgelehnt.

17.00 Uhr: Etwa 3000 Menschen versammeln sich auf Anregung der „Sozialistischen Arbeiterpartei" (SAP) und anderer Linksparteien zum Protest auf dem Marktplatz. SP-Präsident Roland Stark ruft aus: „Absolutes Sicherheitsdenken ist absurd." Und: „Regierungspräsident Striebel hat das Einfühlungsvermögen eines Rhinozeroses." Stark kündigt einen Vorstoss für ein staatliches Chemie-Inspektorat an.

Während der Demo wird zum Schüler-Protest am Montag aufgerufen.

Im strömenden Regen beschliesst ein Teil der Teilnehmer/innen weiterzumachen, und zieht Richtung St. Johann. Vor der Sandoz blockieren die Manifestanten für kurze Zeit den Verkehr und stossen ein parkiertes Auto um.

19.00 Uhr: „In Basel ist eine Umweltkatastrophe jederzeit möglich", heisst der Titel eines Communiqués der „Partei der Arbeit" BS/BL. In dem Text werden die Chemie-Unternehmen ebenso wie die Krisenstäbe, insbesondere jener des Stadtkantons, „mit aller Schärfe" kritisiert.

Die „Gewerkschaft Erziehung" hält in einem Communiqué „den Entscheid von Regierungsrat Striebel, den Unterricht ... doch nicht ausfallen zu lassen, für verfehlt."

22.43 Uhr: Das Polizeikommando in Liestal gibt Messresultate des Lufthygiene-Amtes beider Basel bekannt. Die Resultate der Feinanalysen, heisst es da, „zeigen, übereinstimmend mit den Ergebnissen der Schnellbestimmung während der Unfallstunden, dass die entstandenen Schadstoffkonzentrationen in der Luft sehr klein waren. Sie lagen unterhalb der Nachweisgrenze dieser empfindlicheren Messmethode". Es bestehe für die Bevölkerung keine Gefahr. „Da man aber nicht mit absoluter Sicherheit ausschliessen kann, dass auch kleine Mengen bisher nicht erfasster Schadstoffe entstanden sind, gehen die Untersuchungen weiter ..."

23.20 Uhr: Auf Anweisung des Chefs des Basler GSA wird den beiden Hauptwarnzentralen in Strasbourg und Mannheim ein Zwischenbericht zuerst telefonisch, dann per Telex übermittelt: „Die Verschmutzung des

Rheins bei Basel mit giftigen Chemikalien der Gruppe Phosphorsäure-Ester und Thiophosphorsäure-Ester dauert zur Zeit noch an. Zusätzlich zu den Warnzentralen sollen von dieser Nachricht auch die Wasserwerke informiert und die Wasserentnahmen im gegebenen Moment abgestellt werden."

23.30 Uhr: Der Ressortleiter im GSA ruft die Hauptwarnzentrale in Mannheim (Herrn Lenz) an und meldet, wie oben. Mannheim hat allerdings von den Verschmutzungs-Stoffen bereits Kenntnis. GSA-Protokoll: „Da das Gewässerschutzamt Basel-Stadt seine schriftlichen Meldungen auf dem Telex der Einsatzzentrale der Polizei Basel-Stadt aufgibt, erklärte sich Herr Lenz freundlicherweise bereit, diese Arbeit dem GSA abzunehmen und die erhaltenen zusätzlichen Angaben an alle Hauptwarnzentralen zu übermitteln." (Um 01.55 Uhr am 2. November trifft der Telex aus Mannheim in Basel ein.)

23.40 Uhr: Der Ressortleiter telefoniert die gleiche Meldung nach Strasbourg (Herrn Barth) durch und kündet das Fernschreiben aus Mannheim an. Erst später stellte sich heraus, dass dies die erste schriftliche Meldung war, die von Basel bzw. im Auftrage von Basel abgeschickt wurde.

2. November

01.55 Uhr: Aus Mannheim trifft in Basel per Telex die Bestätigung ein, dass die Zusatz-Informationen an alle Hauptwarnzentralen weitergeleitet wurden.

Im Lauf des Tages wird nach und nach klar, dass der Brand in Schweizerhalle viel schlimmere Folgen hat als zunächst angenommen. Bis am Abend sind Tausende von Fischen, vor allem die besonders empfindlichen Aeschen, tot.

Der Baselbieter Regierungspräsident Werner Spitteler verlangt Verbesserungen beim Zivilschutz und will die Ausrüstung der Bevölkerung mit Schutzmasken prüfen lassen.

3. November

Fischereiaufseher Herrmann ist jetzt überzeugt, dass die Folgen der Rheinverseuchung durch das vergiftete Löschwasser verniedlicht werden. Herrmann: „Das ganze ist eine riesige Umweltkatastrophe. Mit Geld kann man das nicht wieder gutmachen."

Der Fischereiaufseher des Oberelsass, Daniel Reiniger, findet – neben anderen toten Wasservögeln – auch zwei tote Graureiher: „Da kann doch niemand mehr die Katastrophe herunterspielen!"

Eine Pressekonferenz der Baselbieter Behörden ergibt kaum neue Erkenntnisse. Es wird, wie üblich in solchen Fällen, von „Massnahmen" gesprochen, die man „zu ergreifen" beabsichtige.

Kurt Strub, der Direktor der basellandschaftlichen Gebäudeversicherung, erklärt, die Lagerhalle 956 habe bei ihrer Errichtung den feuerpolizeilichen Vorschriften entsprochen. Eine automatische Brandmelde-Anlage sei nicht vorgeschrieben gewesen.

Der Journalist Peter Knechtli erfährt, dass der Bau 956 im Jahr 1968 lediglich zur Lagerung von Apparaten und Maschinen errichtet wurde.

Ein Grundwasser-Brunnen der Gemeinde Muttenz ist stillgelegt worden. In der Birsfelder Hard werden Trinkwasser-Fassungen überwacht. Bodenproben sollen über eine allfällige Verseuchung der Erde Aufschluss geben. Ergebnisse sind noch keine bekannt.

Die offiziellen Stellen Baden-Württembergs finden die Verschmutzung des Rheinwassers „nicht sehr besorgniserregend". Die Behörden der Niederlande kündigen Untersuchungen über die Giftstoffe im Rhein an.

4. November

11.00 Uhr: Die Sandoz-Konzernleitung hält in Schweizerhalle ihre zweite Pressekonferenz ab. In kurzen Statements berichten die jeweils Sachkundigen über ihr Fachgebiet: Hans Winkler, im Konzern für Technik und Sicherheit verantwortlich, bedauert das „Ereignis" und verspricht, dass das Unternehmen es nicht bei Worten bewenden lassen wolle. Er sagt auch „offene Information" zu. Neu ist an dieser Orientierung die Lagerliste, die Sandoz verteilen lässt. Nicht 500 bis 600 Tonnen Chemikalien, sondern 1242 Tonnen Fertigprodukte, Halbfabrikate und Hilfsstoffe waren im Bau 956 gelagert. 800 Tonnen davon gehören in die Giftklassen 2 und 3. Ausserdem befanden sich auch die Lösungsmittel „IsoparG" (Paraffinbasis) und Petrol in dem Gebäude.

Besonders schlimm sind die Auswirkungen der in Herbiziden und Insektiziden enthaltenen Phosphorsäure-Ester-Verbindungen, die bei Mensch und Tier auch als Nervengift wirken können, sowie eine organische Quecksilberverbindung, die früher als Fungizid verwendet wurde. Die Verschmutzung des Rheins ist katastrophal. Das Insektizid Disulfoton wurde zum Beispiel in einer Wasserprobe an der Einflussstelle des Löschwassers in Konzentrationen von bis zu 370 Milligramm pro Liter nachgewiesen – das entspricht der hundertfachen, für Fische tödlichen Konzentration.

Benedicht Hurni, Leiter des Baselbieter Gewässerschutzamtes, schätzt, dass zwischen einem und drei Prozent der gelagerten Chemikalien, also 12 bis 36 Tonnen, mit dem Löschwasser in den Rhein geschwemmt wurden.

So eindeutig die Sandoz-Verantwortlichen eine Gefährdung der Bevölkerung aufgrund der Luftanalysen verneinen, so klar geben sie die verheerenden Folgen der Löschwasser-Einleitung zu. Auf dem Brandplatz wurden Bodenproben genommen. Auch die Filter in den Masken der Feuerwehrleute und Filter ausgewählter Lüftungsanlagen in der Umgebung und in der

Stadt sollen untersucht werden. Der Konzern will weltweit seine Lagerstätten überprüfen. Die Sandoz-Sprecher geben zu, dass rund 200 Meter von der brennenden Halle entfernt das hochgiftige Phosgen gelagert ist – allerdings in Druckfässern und von Betonwänden sowie einem Sprinkler geschützt. „Viel gefährlicher als das Phosgen-Lager", sagt Hans Winkler, seien aber andere, näher beim Feuerherd liegende Gebäude gewesen. Über die Ursache des Unglücks herrscht Unklarheit. Die Spezialisten der kriminaltechnischen Abteilung der Stadtpolizei Zürich ermitteln.

Der oberste Sandoz-Chef, Marc Moret, gewährt der „Basler Zeitung" ein Interview und lässt drucken: „Ich möchte mich in aller Form bei der Bevölkerung entschuldigen."

Verwirrung stiftet unter den Sandoz-Experten die Mitteilung, im Rheinwasser seien bedeutende Mengen des Pflanzengiftes Atrazin festgestellt worden. Diese Substanz stellt Sandoz nämlich weder her, noch treibt sie damit Handel.

Ciba-Geigy räumt ein, dass bei der Herstellung im Werk Schweizerhalle zehn bis dreissig Kilo Atrazin pro Tag durch das Produktionsabwasser in den Rhein gelangen – legal, denn die Baselbieter Behörden erlauben der Chemie, bis 100 Milligramm ungelöste Stoffe pro Liter Abwasser in den Rhein zu leiten. Ciba-Geigy verschweigt die Havarie im Werk Klybeck in Basel vom 31. Oktober.

Der Basler Kantonschemiker, Martin Schüpbach, widerspricht der Meinung der Sandoz-Fachleute, dass beim Brand keine krankmachenden Stoffe in die Luft gelangt seien. Er nennt Quecksilber und nitrose Gase. Neben Schüpbach teilen auch leitende Ärzte wie Hans Werner Kummer, Chefarzt für Innere Medizin am Kantonsspital Bruderholz, und der Medizinische Direktor des Basler Kantonsspitals, Professor Hans Peter Rohr, die Überzeugung der Chemie-Experten nicht, dass nach wie vor keine Gesundheitsgefährdung bestehe. Sie ordnen deshalb Vorsorge-Untersuchungen an und raten Leuten mit anhaltenden Kopfschmerzen, Übelkeit oder anderen ungewöhnlichen Symptomen, einen Arzt aufzusuchen.

Schüpbachs Baselbieter Kollege, Hans Rudolf Strauss, will sich nach den Erfahrungen bei Sandoz mit bisher nicht erkannten Risiken der Agrochemikalien-Lager bei den Landwirtschaftlichen Genossenschaften kümmern. Oft liegen dort ohne genügende Feuerschutz-Einrichtungen Dutzende von Tonnen Stickstoff-Verbindungen, die im Brandfall nitrose Gase erzeugen, oder Pflanzengifte auf der Basis von Trichlophenol, die Dioxine freisetzen können.

Erneut äussert sich Kurt Strub, Direktor der Baselbieter Gebäudeversicherung, zur Sicherheit im abgebrannten Lagerhaus: Sandoz hatte behauptet, sie habe über alle notwendigen behördlichen Bewilligungen für die Lagerung von Chemikalien verfügt. Strub dagegen: „Das hätten wir nie bewilligt. Lösungsmittel dürften nie in einer derart grossen Halle gelagert werden. Dazu sind kleine, zellenartige Gebäude nötig." 1977 hatte Sandoz der Gebäudeversicherung lediglich mitgeteilt, sie beabsichtige nun, im Bau 956 statt Apparate und Maschinen Agrochemikalien zu stapeln. Strub: „Wir vertrauten der Firma derart, dass wir sporadische Kontrollen nicht ins Auge fassten und auch keine weiteren Vorschriften erliessen. Von Lösungsmitteln war damals allerdings nicht die Rede." So war die Halle denn auch noch in der Brandnacht genau so schlecht geschützt wie zur Zeit ihrer Erbauung – mit Handmeldern und einer Löscheinrichtung, die von aussen gespiesen werden musste. Die Diskussion um die behördlichen Bewilligungen bringt auch an den Tag, dass es im mittlerweile hochindustrialisierten Kanton Baselland gerade drei Feuerversicherungs-Inspektoren gibt. Sie sitzen meistens in ihren Büros und begutachten Pläne für Neu- und Umbauten.

5. November

Auf dem Rhein zwischen Basel und Karlsruhe treiben nach Schätzungen des Stuttgarter Umweltministeriums etwa 150'000 tote Aale.

Der Basler Zivilschutz-Chef Bruno Leuenberger beklagt sich darüber, dass von 4500 Schutzräumen 2500 „mutwillig" unbrauchbar gemacht seien.

Der Basler Feuerwehrkommandant Rudolf Allemann behauptet, alle Lager der Chemie in Basel entsprächen den Vorschriften. Ausserdem würden sie regelmässig von der Vereinigung der kantonalen Feuerversicherer kontrolliert.

Alle Umweltuntersuchungen – Luftanalysen, Bodenproben – ergeben Resultate, die weit unterhalb der Grenzwerte liegen.

Medientag der Polizei: Die Basler Polizei will ihre Fahrzeuge so schnell wie möglich mit Lautsprechern ausrüsten. Zudem prüft sie die Einrichtung eines „Sorgentelefons"; zwischen 01.00 Uhr und 08.50 Uhr am 1. November seien nämlich auf der Notrufnummer 117 über 700 Anrufe registriert worden.

Polizeidirektor Karl Schnyder widerspricht der Ansicht, sein Krisenstab trage eigentlich die Verantwortung für den Beschluss, die Kinder in die Schule zu schicken: „Wir haben nicht zu entscheiden, ob der Unterricht abgehalten wird. Der Erziehungsdirektor hätte um acht Uhr auch erklären können, die Schule finde nicht statt."

Polizeikommandant Markus Mohler attackiert Radio DRS und lobt das lokale Reklame-Radio Basilisk. Das Regionaljournal Basel von Radio DRS weist die Vorwürfe zurück und zeigt, dass Mohler „überhaupt nicht informiert ist über die Vorgänge, die sich in den elektronischen Medien abspielten". Die Leiter des Baselbieter Krisenstabes sind dagegen mit der Leistung der Regionaljournal-Macher von Radio DRS zufrieden und kritisieren „die blühende Phantasie" der Kommerzfunker.

6. November

Die Giftwelle erreicht Mainz. Zahlreiche Wasserwerke, die aus dem Rhein oder seinem Grundwasser versorgt werden, haben ihren Betrieb schon eingestellt oder richten sich darauf ein.

Der französische Umweltminister Alain Carignon verlangt von den Schweizer Behörden erneut „umfassende Informationen". Frankreichs Botschafter in Bern wird ins Bundeshaus geschickt.

In Zürich werden die alten Sirenen wieder funktionstüchtig gemacht. Wie in Basel waren sie wegen Fehlalarmen abgestellt.

Das Amt für Umweltschutz des Kantons Baselland räumt in einer offiziellen Stellungnahme ein, dass sowohl Industrie als auch Behörden die katastrophale Verschmutzung des Rheins unterschätzt haben. Allein die rund 200 Kilo Quecksilber, die in der Brandnacht in die Luft gingen, entsprechen nach Angaben von Gewässerschützer Hurni der halben gesamtschweizerischen Jahresbelastung mit diesem Schwermetall.

In einem Inserat definiert die FDP ihr Konzept zur Bewältigung der Umweltkatastrophe und der Angst der Bevölkerung: Alarmierung verbessern, Sicherheit der Chemie ausbauen, Schutzmaskenverteilung prüfen, Haftungsfrage klären. Denn: „Die bestehenden Risiken, mit denen unsere Region lebt, zwingen zu sofortigem und mutigem Handeln."

Die Sozialdemokraten verlangen eine Sondersitzung des Grossen Rates und fordern unter anderem die Einrichtung eines ständigen staatlichen Chemie-Inspektorats, eine Neuordnung und Umbesetzungen im Krisenstab und eine unabhängige Untersuchungskommission. Kritisiert wird auch der Kantonsarzt, der es unterliess, in der Brandnacht das Kantonsspital zu alarmieren.

7. November

Um 10.30 Uhr entsteht, zunächst von niemandem bemerkt, ein Leck in einer Rohrleitung im Entwässerungssystem in Schweizerhalle. Mehrere tausend Liter rotgefärbtes, giftiges Löschwasser ergiessen sich in den Rhein. Um 11.45 Uhr lösen deutsche und französische Behörden internationalen Alarm aus. Sandoz-Sprecher sind vom neuen Unglück überrascht. Sie erfahren am Radio davon. Um 12.19 Uhr ist von der Verschmutzung nichts mehr zu sehen. Das Baselbieter Amt für Umweltschutz spricht von einer sehr geringfügigen Verschmutzung des Rheins. Ein Polizeisprecher bezeichnet die Auslösung des Alarms als „überrissen".

In einem Telegramm an die Umweltminister der Rheinuferstaaten drückt

Bundespräsident Alphons Egli „tiefes Bedauern" über die Umweltkatastrophe aus und erklärt sich bereit, in Verhandlungen einzutreten. Egli verspricht, alle Informationen über Zusammensetzung, Mengen und Konzentration der Schadstoffe weiterzuleiten.

Der Bonner Regierungssprecher Ost erklärt vor der Presse, der internationale Rhein-Alarm sei von der Schweiz nicht rechtzeitig ausgelöst worden. Die Giftwelle hat inzwischen Bonn erreicht. Tote Fische sind in dieser Gegend bis zum Mittag aber nicht festzustellen.

In Unkel am Rhein, nahe Bonn, dem Wohnort Willy Brandts, wird das Trinkwassernetz stillgelegt. Die Feuerwehr beginnt, Wasser aus Zisternen zu verteilen.

In der Nacht werden in ganz Basel improvisierte Plakate ausgehängt. Auf Flugblättern war die Bevölkerung zum Malen und Texten aufgefordert worden.

8. November

Gegen 10'000 Personen (die NZZ zählt nur 5000) demonstrieren auf dem Marktplatz. Viele Jugendliche nehmen an dieser Manifestation der Verzweiflung, Ohnmacht und Wut teil. Die NZZ, Leibblatt der Regierenden im Lande, berichtet in grotesker Fehleinschätzung der Stimmung: „Das Protestpotential stellten rund ein Dutzend Gruppierungen linker Provenienz vom Wyberrat, Asylkomitee, kommunistischem Jugendverband und den Kernkraftgegnern bis zur Sozialdemokratischen Partei. Transparente, auf denen der 'Chemieterror' angeprangert und das Schicksal der Fische im Rhein der 'Regio Pestilensis' beklagt wurde, verstärkten den Eindruck eines grossen, zumindest einem Teil der Beteiligten willkommenen Happenings."

Ohne den famosen NZZ-Berichterstatter bildet sich nach Schluss der Kundgebung ein Demonstrationszug, der sich durch das St. Johann- und Klybeck-Quartier zur Sandoz und später zur Ciba-Geigy bewegt. An Gebäuden dieser Unternehmen und am Biozentrum gehen dabei einige Scheiben zu Bruch und einige Mauern erhalten Parolen aufgesprüht. Die Polizei greift nicht ein.

Das Bundesamt für Umweltschutz gibt seine Absicht bekannt, ein Inventar aller Betriebe mit gefährlichen Stoffen und Anlagen mit dem Ziel zu erstellen, dass in einigen Jahren eine Störfall-Verordnung erlassen werden kann.

9. November

Am frühen Morgen erreicht die Giftwelle die Niederlande. Schon kurz nach Mitternacht sind erste Anzeichen einer verstärkten Giftkonzentration im Rheinwasser festgestellt worden. Die Schleusen in den vom Rhein wegführenden Flüssen werden geschlossen, um einer Gefährdung der Trinkwasserversorgung vorzubeugen. Holländische Fischer werden aufgefordert, nicht mehr im Rhein zu fischen.

Nach dem Ausfall eines Filters gelangen in Dordrecht an der Maas, einer Stadt bei Rotterdam, 50 Kubikmeter Abwässer, vermischt mit gefährlichen Substanzen aus der chemischen Fabrik Akzo-Chemie, ins Wasser des Hafens.

Um 11 Uhr stellen sich im Foyer des Stadttheaters die Krisenstäbler Regierungsrat Werner Spitteler (BL), Regierungsrat Karl Schnyder (BS), Regierungsrat Hans Rudolf Striebel (BS), Einsatzleiter und Polizeikommandant Hans Suter (BL), Kantonschemiker Hans-Rudolf Strauss (BL) und Hans Winkler, Mitglied der Sandoz-Konzernleitung, den Fragen eines erregten Publikums.

In der Bundesrepublik verbreiten Medien und Politiker die Nachricht vom Herannahen einer „zweiten Giftwelle" aus Basel, die „weitere dreissig bis sechzig Tonnen giftigen Materials" enthalten soll. Solche Nachrichten halten die Baselbieter Umweltschützer für aufgebauscht. Die 1000 bis 2000 Liter Löschwasser, die durch eine lecke Leitung in den Rhein gelangten, seien nicht als „zweite Welle" der Giftfracht zu bezeichnen.

10. November

Bundespräsident Alphons Egli lädt die Umweltminister der Rheinanlieger-Staaten zu einer Konferenz am 12. November nach Glattbrugg ein.

Baden-Württembergs Umweltminister Gerhard Weiser besucht den Brandplatz in Schweizerhalle und führt Gespräche mit Vertretern der Firma Sandoz. Er kündigt die Einsetzung einer deutsch-französisch-schweizerischen Expertenkommission an, die Lehren aus der Katastrophe ziehen soll. Ferner ist ein gemeinsames Luftanalyse-Programm am Hochrhein geplant.

Im Rhein werden keine toten, nur noch kranke Fische gefunden. Das vergiftete Rheinwasser hat das Ijsselmeer, das grösste niederländische Trinkwasserreservoir, erreicht. Die holländischen Behörden melden, dass die Verseuchung des Wassers langsam abnimmt. Der nordrhein-westfälische Umweltminister Klaus Matthiessen gibt Entwarnung für die Rheinanlieger-Gemeinden.

Der Basler Fischereiaufseher Walter Herrmann spricht von „x Tonnen von vergiftetem Kies, Sand und Schlick", die sich unterhalb Schweizerhalle auf dem Rheingrund abgelagert haben. Bei Regen oder Hochwasser können die Stoffe aufgewirbelt werden und eine neue Vergiftung verursachen. Sie müssten deshalb so schnell wie möglich entfernt werden.

Am Nachmittag macht die Basler Regierung in Stuttgart eine schon lange vereinbarte Visite. Regierungspräsident Striebel entschuldigt sich offiziell für die verheerenden Umweltschäden nach dem Sandoz-Brand.

In Liestal debattiert der Baselbieter Landrat über das Unglück von Schweizerhalle. Regierungspräsident Werner Spitteler verliest eine Regierungserklärung und verspricht, die Katastrophenvorsorge werde in Zukunft erste Priorität erhalten. Justizdirektor Clemens Stöckli dankt dem Katastrophenstab für seine Leistung und den Medien, „die dem Katastrophenstab und der Regierung jederzeit zur Verfügung gestanden" seien. Stöckli beantwortet die 15 eingereichten dringlichen Interpellationen.

Vor der Presse kritisiert Umweltminister Wallmann in Bonn schwerwiegende Sicherheitsmängel bei Sandoz. Das Unternehmen habe gegen geltende Vorschriften verstossen und ganz offensichtlich „illegal gearbeitet". Durch die Gifte, sagt Wallmann, sei über eine halbe Million Fische getötet worden.

In der Öffentlichkeit beginnt die Diskussion um die Haftungsfrage. Sandoz ist, wie ein Sprecher erklärt, „für eine Summe zwischen 100 und 500 Millionen Franken haftpflichtversichert".

11. November

Die POB lassen durch den Advokaten Heinz Lüscher beim Statthalteramt Arlesheim Strafanzeige „gegen die verantwortlichen Organe der Firma Sandoz AG Basel" einreichen. Unter anderem sollen folgende Straftatbestände untersucht werden: Körperverletzung, Gefährdung des Lebens, Verursachung einer Feuersbrunst, Gefährdung durch giftige Abgase, Nichtanbringen von Sicherheitseinrichtungen, Verunreinigung von Trinkwasser usw.

Auch die „Grüne Liste Baselland" reicht eine Strafanzeige ein. Die Liste der Tatbestände entspricht jener der POB.

„Blick" zitiert den Sandoz-Sprecher Professor Marc Sieber: „Mit grösster Wahrscheinlichkeit war die Brandursache Brandstiftung." Das Blatt wertet als Indiz für diese Vermutung, dass im August in Huningue das Haus des Sandoz-Sportklubs brannte und die französische Polizei Brandstiftung annimmt. Für „Blick" ist „sicher", dass sich die 1200 Tonnen Chemikalien im Bau 956 nicht selbst entzündeten.

In Bonn veröffentlichen die „Grünen" Auszüge einer vertraulichen Studie der „Zürich"-Versicherung. Daraus geht hervor, dass das Unternehmen im Sommer 1981 eine Risikoanalyse über ihren Kunden Sandoz verfasste und dabei schwere Sicherheitsmängel, insbesondere das Fehlen fest installierter Feuerbekämpfungseinrichtungen, entdeckte. Das Papier enthält ein Schaden-Szenario, wie es am 1. November Wirklichkeit wurde: „Bei einem Grossfeuer muss mit grösseren giftigen Rauchschwaden gerechnet werden, die Stadtteile akut gefährden könnten, so dass eine Evakuierung der Bevölkerung notwendig würde. Es ist nicht auszuschliessen, dass die Agrarprodukte chlorierte Benzole enthalten können, bei deren Verbrennung Dioxine und Dibenzofurane entstehen ... Während eines Brandes in einem der beschriebenen Lager können brennbare, explosive und giftige Stoffe aus Kunststoffässern und geplatzten Metallfässern zusammen mit erheblichen Mengen von Löschwasser in den Rhein gelangen ..." Sandoz-Sprecher Edgar Fasel, bis im letzten Frühjahr persönlicher Berater von Bundesrat Kurt Furgler, will zu dem Bericht nicht Stellung nehmen. Fasel fordert die Journalisten vielmehr auf, den „gesunden Menschenverstand zu gebrauchen" und das Papier in den Papierkorb zu werfen. Die „Zürich"-Versicherung verweist auf die strikte Vertraulichkeit des Berichts, bestätigt aber dessen Existenz.

Das Büro des Basler Grossen Rates schlägt vor, am 27. November eine Sondersitzung zum Sandoz-Brand abzuhalten. Die Debatte soll von Radio DRS und von Radio Basilisk direkt übertragen werden können.

Der „Presseverein beider Basel", die (bürgerliche) Standesorganisation der Journalisten, kritisiert in einer scharfen Erklärung die Informationspolitik der Sandoz. Auszug: „Die Firma Sandoz AG ist in ihrer Pressearbeit bis jetzt vermutlich davon ausgegangen, dass die Medien nett über das 100-Jahr-Jubiläum zu berichten haben und ansonsten als nützliche Idioten zu bezeichnen sind ... Der Presseverein beider Basel bedauert diese Informationsverhinderung, vor allem darum, weil diese Methode jenen Kreisen in die Hand arbeitet, die vor und nach der Katastrophe die generelle Ausschaffung der Chemie aus Basel angestrebt haben."

Zwei Klassen der Primarschule Grossbasel-West werden aus Gesundheitsgründen geschlossen. Die insgesamt 49 Kinder wurden nach Hause geschickt, nachdem bei ihnen Scharlach, grippale Infekte und eine dritte, noch nicht definierte Krankheit ausgebrochen ist. Ein Zusammenhang mit dem Sandoz-Brand kann weder ausgeschlossen noch bewiesen werden.

An einer Pressekonferenz verlangt der Basler SP-Präsident Roland Stark, einzelne Sandoz-Manager sollten „wegen Verdunkelungsgefahr aus dem Verkehr gezogen werden".

Beiläufig wird jetzt bekannt, dass am 31. Oktober bei Ciba-Geigy im Werk Klybeck „wegen einer Panne" (so ein Ciba-Geigy-Sprecher) 400 Liter des Pflanzengiftes Atrazin ins Abwasser und später in den Rhein gelangten.

Die Staatsanwaltschaft Waldshut führt im Lonza-Werk in Waldshut-Tiengen eine richterliche Untersuchung durch. Der Firma wird vorgeworfen, bei der Produktion von Polivinylchlorid (PVC) mehr Vinylchlorid auszustossen als erlaubt.

12. November

An der Umweltminister-Tagung in Glattbrugg lassen sich die ausländischen Politiker über das Brandgeschehen und die Umweltschäden orientieren. Diskutiert werden die Probleme der Alarmierung, die schweizerischen Umweltschutz-Bestimmungen und die Schadenersatz-Frage. Bundesrat Egli, der sich bei den Rhein-Anliegern entschuldigt, ist zu Gesprächen auf bilateraler oder multilateraler Ebene bereit. Man kommt überein, eine gütliche, aussergerichtliche Regelung von Schadenersatz-Ansprüchen zu suchen.

Als Urheberin des Brandes bekennt sich in einem anonymen Telefonanruf an das Boulevardblatt „Blick" und an die Nachrichtenagentur „Associated Press" (AP) eine „Gruppe Schweiz" der „Rote Armee Fraktion" (RAF). Die angeblichen Terroristen hätten am 28. Oktober ein schwarzes Fass mit Zeitzünder und Brandbeschleuniger im Bau 956 deponiert. Statthalter Thoni Thüring in Arlesheim äussert Zweifel an der Echtheit der Mitteilung. Trotzdem müsse man dem Hinweis nachgehen.

Der Basler Schularzt Andres Bächlin bezeichnet die Meldung vom Vortag als „einen grossen Unsinn", die von einer noch unbekannten Krankheit berichtete, die in Grossbasel-West einige Schulkinder befallen habe. Alle Krankheitserreger sind bekannt, erstaunlich sei nur die grosse Anzahl der Fälle.

Die Ciba-Geigy publiziert eine Stellungnahme zum Atrazin-Unfall. Das Unternehmen weist nach der Beschreibung der Havarie die Behauptung zurück, es habe den Brand bei Sandoz dazu benützt, heimlich Schadstoffe in den Rhein zu leiten. Das sei schon vom zeitlichen Ablauf her unmöglich, weil sich die Chemikalie bereits im System der Kläranlage befand, bevor der Brand ausbrach.

In Basel berichten die „Grünen" an einer Pressekonferenz über das Gutachten der „Zürich"-Versicherung.

An einer Veranstaltung des „Basler Gewerkschaftsbundes" (BGB) vertritt der Präsident der „Gewerkschaft Textil Chemie Papier" (GTCP), Hans Schäppi, die Ansicht, die Sandoz müsse sich von ihrem Präsidenten Marc Moret trennen.

Eine erste Analyse des Sandoz-Brandes durch den BVD kommt zum Schluss, dass „in Zukunft jenen Ereignisabläufen, die zwar als sehr selten eingestuft werden, im Falle ihres Eintretens jedoch sehr grosse Schäden mit sich bringen, trotz der kleinen Ereigniswahrscheinlichkeit mehr Beachtung geschenkt" werden müsse.

Wegen der Tumulte bei der Diskussionsveranstaltung im Stadttheater verschieben die bürgerlichen Parteien Basels eine für den 19. November vorgesehene Podiumsdiskussion zum Thema „Basel ohne Chemie? – Die Zukunft der Region nach Schweizerhalle".

Die Personalzeitung der Sandoz, die „Sandoz-Gazette", druckt auf ihrer Titelseite das BaZ-Interview mit Verwaltungsratspräsident Marc Moret nach.

13. November

An einer Pressekonferenz – diesmal sitzen die Sandoz-Herren auf einem erhöhten Podium, aber Verwaltungsratspräsident Marc Moret ist wieder nicht dabei – werden die Eigenschaften der im Bau 956 gelagerten Chemikalien erläutert. Der Ton ist weniger arrogant als am 4.11. Man spricht jetzt nicht mehr bloss von einem „Ereignis", sondern von „Katastrophe, für die sich die Sandoz moralisch voll verantwortlich" fühle. Viel Neues ist nicht zu erfahren. Mit Entschiedenheit weist die Unternehmensleitung die Unterstellung zurück, Sandoz habe im Bau 956 illegal Chemikalien gelagert; die Betriebsbewilligung für die neue Verwendung des Gebäudes sei am 20.12.79 von den zuständigen Behörden genehmigt worden. Die Konzernspitze erklärt „in aller Form", dass sie rechtlich begründete Schadenersatz-Ansprüche selbstverständlich honorieren werde. Die Firma hat eine Haftpflichtversicherung in der Grössenordnung zwischen 100 und 500 Millionen Franken abgeschlossen. Die mit Spannung erwarteten Feststellungen zur Risikoanalyse der „Zürich"-Versicherung fallen mager aus: Es wird bestätigt, dass der Bericht existiert – allerdings wurde er erst am 21. Oktober 1981, mehrere Monate nach der Besichtigung, verfasst. Der Bericht sei im Besitz der Versicherung. Die anwesenden Vertreter der Unternehmensleitung schwören demonstrativ, dass sie diesen Bericht nie zuvor gesehen hätten. Ob andere im Hause ihn gelesen hatten, wissen sie nicht. Die Haftpflichtversicherung sei bereits im September 1981 an den Gerling-Konzern übergegangen, weil dessen Angebot günstiger gewesen sei.

Die Untersuchung der Feuerwehrleute hat bisher keine nachteiligen gesundheitlichen Folgen ihres Einsatzes ergeben. Auch „eine geringgradige Vergiftung mit Phosphorsäure-Estern oder mit Quecksilber kann ausgeschlossen werden".

Besonderes Augenmerk gilt dem Hardwald und seinen Grundwasser-Brunnen. Der Hydrogeologe Hansjörg Schmassmann erklärt, dass bisher keine Gefahr für das Trinkwasser bestehe. Ein Brunnen in Muttenz bleibt vorsorglich abgestellt.

Vor dem Grossen Rat kritisiert die Basler Regierung den Sandoz-Konzern in scharfen Worten. „Diese Katastrophe", liest Regierungspräsident Striebel vor, „hat unserer Stadt, der Region Basel und den Nachbarstaaten einen gewaltigen materiellen und nicht bezifferbaren immateriellen Schaden zugefügt. Das Vertrauen in die Sicherheit der Chemie ist zutiefst erschüttert. ... Es ist unverantwortbar, wenn das Streben nach Fortschritt und Gedeihen mit folgenschwerer Fahrlässigkeit bezahlt werden muss."

Auch für die Baselbieter Regierung ist „das Vertrauen der Bevölkerung und der Behörden in die Eigenverantwortlichkeit der chemischen Industrie erschüttert". An einer Sondersitzung setzt sie eine Kommission ein, die die Risikoanalyse des vorhandenen Gefahrenpotentials, die Alarmierung und Information, den Brandschutz und den Schutz vor Chemie-Unfällen untersuchen soll.

In einem offenen Brief an den Baselbieter Regierungspräsidenten Werner Spitteler protestieren Bürger aus Lausen und Hölstein gegen die Forderung, Gasmasken zu verteilen: „Wir wollen nicht beruhigt und besänftigt werden. Wir wollen weder für uns noch für unsere Familien eine Gasmasken- und Bunkerzukunft."

Auch der Basler Gewerkschaftsbund ist dieser Meinung: „Die Region Basel", heisst es in einer „vorläufigen Stellungnahme", „darf nicht zu einer Zone der dauernd griffbereiten Schutzmaske werden. ... Es wird neue Kräfte an der Spitze der 100-jährigen Sandoz brauchen, um dieses Vertrauen zurückzugewinnen."

In einem offenen Brief an die Firma Sandoz kündet die Belegschaft der Zürcher „Bellevue"-Apotheke ihre Weigerung an, Sandoz-Produkte zu verkaufen. Bereits bei der Seveso-Katastrophe hatte die Apotheke „Roche"-Arzneien aus den Gestellen geräumt.

14. November

Im „Tages-Anzeiger" gibt Heinz Allenspach, Präsident des Zentralverbands Schweizerischer Arbeitgeber-Organisationen und Zürcher FDP-Nationalrat, den Tarif an: „Die Betroffenheit sollte nicht zu unüberlegten Kurzschlussreaktionen führen. ... Es ist zu einfach, den Stab über die Chemie zu brechen ... oder den Kopf einzelner Regierungsräte zu fordern. Auch ein Verbot der Produktion von Agrochemikalien ... wäre wohl eher Sündenbock- und Alibi-Politik ... Wir benötigen mehr Wissenschaft und Technik, um unsere Hochzivilisation stärker auf Produktionen ... mit wesentlich geringerem Schadenpotential auszurichten. ... Ein freiwilliger Wohlstandsverzicht ist derzeit nicht zu erwarten ... Wohlstandsverzicht unter staatlichem Zwang setzt in einer Demokratie eine konsensfähige Mehrheit voraus. Diese ist derzeit nicht vorhanden. ..."

„Blick" fragt: „Muss Sandoz-Boss den Hut nehmen?" und berichtet von streng vertraulichen Diskussionen unter Bankiers, ob Marc Moret als oberster Konzernlenker noch tragbar sei. Moret hatte 1983 nach dem Skandal um die Seveso-Giftfässer erklärt: „Wäre der Fall bei uns passiert, müsste ich die Verantwortung tragen."

Die Reaktion darauf ist eindeutig: gegenüber einem Interviewer der „Basler Zeitung" stellt Moret klar: „Rücktritt wäre der billigste Ausweg." Moret findet es auch richtig, dass er sich bisher nicht der Öffentlichkeit stellte, er habe dafür keine Zeit gehabt: „Minute pro Minute mussten Entscheide getroffen werden, die meine volle Präsenz verlangten." Moret kündigt seinen Auftritt „an der nächsten Pressekonferenz" an.

Im Schaufenster der „Bellevue"-Apotheke in Zürich steht jetzt ein Plakat mit der Ankündigung, die 58 Mitarbeiter/innen seien erst wieder bereit, Sandoz-Produkte zu verkaufen, wenn die Firma bis Heiligabend eine Million Franken an die Umweltschutzorganisation „Greenpeace" zahle.

Während des ganzen Tages treiben Ölschlieren auf dem Rhein bei Basel. Grund ist ein Unfall beim Auftanken eines Frachtschiffs in Birsfelden. Ein Beamter des Statthalteramts Arlesheim bezeichnet den Vorfall als „minime Verunreinigung", die mit 100 Franken Busse erledigt worden sei.

15. November

Studenten der Basler Musikakademie zelebrieren mit einem Trauerzug durch die Stadt ein „Requiem für den toten Rhein". Bei der anschliessenden Veranstaltung „Vierzehn Tage danach ..." im Gewerbemuseum geben Kulturschaffende ihrer Betroffenheit über die Umweltkatastrophe Ausdruck.

In Muttenz demonstrieren gegen 2500 Personen vor der „Mittenza". Unterstützt von der Schulpflege, drücken Lehrer, Schüler und Eltern ihre Besorgnis aus und stimmen einer Resolution zu, die dieselben Forderungen enthält wie ein Brief, der der Sandoz-Geschäftsleitung mit über 3000 Unterschriften zugestellt werden soll: Stop der Produktion hochgiftiger Substanzen, Überprüfung sämtlicher Lager mit chemischen Stoffen, Einrichtung eines staatlichen Chemie-Inspektorats unter Mitwirkung der Umweltschutz-Organisationen.

An einer ausserordentlichen Sitzung des Basler Grossen Rates (die schon vor dem Sandoz-Desaster vereinbart worden war) beschreiben Experten, unter ihnen der Chef des „Lufthygieneamtes beider Basel", Roberto Mona, den Zustand der Basler Luft als alarmierend.

Der „Schweizerische Fischerei-Verband" findet es „erschreckend, dass sich 14 Jahre nach Inkrafttreten des zweiten Gewässerschutzgesetzes ein solcher Vorfall überhaupt noch ereignen" könne, heisst es in einem Communiqué.

Im Südwestfunk berichtet der CDU-Abgeordnete und Präsident des südbadischen Bauernverbandes, Ludger Reddemann, er habe „von vornherein" von grösseren Schäden Kenntnis gehabt, als sie der baden-württembergische Umweltminister Gerhard Weiser zunächst beziffert habe.

In Strasbourg ruft der französische Umweltminister Alain Carignon zu einer „geschlossenen Front" gegen die „Verantwortlichen der Umweltkatastrophe" auf.

16. November

Im Lauf des Wochenendes geht der Wasser-Notstand am Rhein zu Ende.

Der deutsche Bundeskanzler Helmut Kohl bezichtigt Sandoz in einem Radio-Interview der „Umweltkriminalität. Was hier vorgekommen ist, ist völlig unerträglich." Kohl fordert die Schweizer Behörden auf, „jetzt deutlich zu machen, was sie von der Sache halten."

Am Nachmittag demonstrieren mehrere hundert Personen auf den Rheinbrücken zwischen Basel und Strasbourg. Die Manifestanten legen zum Teil Trauerkränze am Flussufer nieder.

In einer Diskussion am Fernsehen DRS vertritt der Direktor des „Bundesamtes für Umweltschutz", Bruno Böhlen, die Ansicht, dass die sogenannte „Seveso-Richtlinie" der EG eine Umweltkatastrophe nach Art des Sandoz-Brandes nicht verhindern könne. Böhlen verlangt deshalb den Erlass von Vorschriften, die über diese EG-Norm hinausgehen.

In Basel wird im Bernoullianum die „Aktion Selbstschutz" gegründet.

17. November

Im „Blick" wendet sich Marc Moret ans gewöhnliche Volk. Ganz Mensch, erzählt er von seiner privaten Angst, stellt eine kritische Beurteilung der Informationspolitik seines Unternehmens in Aussicht und verspricht, die besten Ökologie-Wissenschafter der Welt nach Basel zu holen, um die Umweltwunden zu heilen. Moret äussert sich auch zum Chemie-Standort Basel: „Ist denn diese geballte Konzentration von Chemie überhaupt für eine so dicht besiedelte Region noch tragbar? Auch in dieser Richtung wird man sich Gedanken machen müssen."

Harald Naegeli, als „Sprayer von Zürich" bekannt, schämt sich als Schweizer Bürger in seinem deutschen Exil „des Verbrechens, das von der Basler Chemie dem Rhein angetan worden ist." Auf einen Brückenpfeiler am Rheinufer in Düsseldorf sprayt er deshalb einen grossen Fisch, dem ein schwarzer Giftstrahl einen hässlichen Totenkopf im Bauch wuchern lässt.

Bei Schweizerhalle wird ein Floss installiert, von dem aus Taucher das Flussbett von den gefährlichen giftigen Ablagerungen befreien sollen.

Sandoz publiziert am Abend eine Ergänzung zur Liste der im Bau 956 in Schweizerhalle gelagerten giftigen Chemikalien. Die Ergänzung umfasst neun Wirkstoffnamen mit Mengenangaben von 30 bis 2323 Kilo – insgesamt 6653 Kilo. Eine Charakterisierung der Stoffe und ihrer Toxizität fehlt.

Seit dem 13. November, heisst es in der Pressemitteilung weiter, sei eine „umfassende Nachkontrolle der Bestände der während der Brandkatastrophe direkt oder indirekt in Mitleidenschaft geratenen Gebinde und Stoffe auf und um den Brandplatz" im Gange. Diese Bestandesaufnahme, die von Mitarbeitern durchgeführt wird, die sich bisher nicht mit dem Brand und seinen Folgen zu befassen hatten, ist noch nicht abgeschlossen.

Die Geschäftsleitung teilt ausserdem mit, dass sie die Lagermengen toxischer und brennbarer Substanzen reduzieren will. Um dies zu erreichen, wird die Produktion von Wirkstoffen zur Herstellung von Insektiziden um mindestens 60 Prozent heruntergefahren. In Zahlen: Statt 2400 Tonnen pro Jahr sollen nur noch etwa 1000 Tonnen hergestellt werden.

Eine Beschränkung des Agrogeschäfts bedeutet dies allerdings nicht: Das Unternehmen will in Zukunft vermehrt Wirkstoffe zukaufen.

Als Leiter des schon am 13. November angekündigten Ausschusses zur Untersuchung der Brandkatastrophe und ihrer Folgen für den Kanton ernennt die Baselbieter Regierung Landrat Paul Thüring. Thüring ist Lehrer, Oberstleutnant im Generalstab – und der Bruder des Arlesheimer Statthalters, der die Brandkatastrophe strafrechtlich untersuchen soll. Paul Thüring wird den Sonderausschuss im Vollamt leiten und deshalb sofort vom Schuldienst beurlaubt.

18. November

Auch der Basler Regierungsrat bestellt eine Sonderkommission. Sie wird eng mit dem Baselbieter Ausschuss zusammenarbeiten.

Die Baselbieter Polizei warnt „trotz Gewerbefreiheit" vor dem übereilten Kauf von Gasmasken.

Am Rhein bei Schweizerhalle beginnen die Absaugarbeiten.

Fotografen, die sich auf dem Werkgelände der Sandoz umtun, um die Entsorgungsarbeiten bei der Brandruine zu verfolgen, werden von Werkdienstleuten brutal vom Platz gestellt. Die Regionalgruppe der „Schweizerischen Journalisten-Union" (SJU) protestiert in einem Communiqué gegen die Behinderung der Berichterstattung.

Die „Naturfreunde Schweiz" verlangen ein Produktionsverbot für jene Pestizide, die in der Schweiz und in Europa wegen ihrer Gefährlichkeit nicht zugelassen sind. Sofort zu verbieten seien alle Quecksilberverbindungen, mittelfristig auch die Phosphorsäure-Ester.

Die Staatsanwaltschaft Lörrach leitet von Amtes wegen gegen die Verantwortlichen der Chemie-Konzerne Sandoz und Ciba-Geigy eine Strafuntersuchung wegen Gewässerverunreinigung und Körperverletzung ein. Bereits eingereicht sind Privatklagen von Betroffenen aus Grenzach-Wyhlen.

Zu Beginn der Wintersession, beschliesst der Bundesrat, wird sich Bundespräsident Alphons Egli am 2. Dezember vor der Vereinigten Bundesversammlung zur Chemiekatastrophe äussern.

An einer Pressekonferenz der Umweltschutzorganisation „Greenpeace" in Basel berichten zwei Patientinnen von gesundheitlichen Störungen, die sie auf den Sandoz-Brand und die folgende Giftwolke zurückführen. Ärzte widersprechen der von offiziellen Stellen geäusserten Ansicht, dass der Brand in Schweizerhalle keine nachteiligen Auswirkungen auf die Bevölkerung gehabt habe. Die Beschwerden seien allerdings unspezifisch, und eine Unterscheidung in toxische und allergische Reaktionen sei „äusserst schwierig".

Der ärztliche Direktor des Basler Kantonsspitals, Professor Hans Peter Rohr, hält es für möglich, dass trotz dem Fehlen signifikanter Anzeichen in der Patientenstatistik gesundheitliche Störungen vorgekommen sind. Möglicherweise haben viele Betroffene keinen Arzt aufgesucht.

Als typische Beschwerden nennt der Arzt Hanspeter Baumann Asthma, Augen- und Kopfschmerzen, Nebenhöhlen- und Rachenentzündungen, Magen-Darm-Beschwerden. Oft berichteten Patienten auch über einen metallischen Geschmack im Mund.

19. November

Eine Umfrage des Regionaljournals Basel von Radio DRS zeigt, wie sehr das Vertrauen der Basler Bevölkerung in die chemische Industrie erschüttert ist. 67 Prozent der Einwohner der Region Basel sind der Meinung, die Konzerne hätten bisher zu wenig für die Sicherheit getan. Nicht einmal ein Viertel glaubt, dass die Industrie nach der Katastrophe in Schweizerhalle von sich aus genügend tun wird, um das Gefahrenrisiko zu vermindern. Über 57 Prozent sind deshalb für mehr staatliche Kontrolle der Multis. In der Detailauswertung ergibt sich, dass Junge besonders misstrauisch sind. Sie verlangen – zusammen mit den Älteren – eine Gesamtverantwortung des Staates für die Sicherheit dieses Wirtschaftszweigs.

Beiläufig wird bekannt, dass Sandoz-Chef Marc Moret am 17. November den Bundesräten Furgler und Egli seine Aufwartung machte. Über den Inhalt der Gespräche ist nichts in Erfahrung zu bringen.

Die „Arbeitsgemeinschaft Ja zu Basel" versucht in einem Inserat, die unvermindert heftige Volkswut zu dämpfen: Sie verlangt Verbesserungen „bei Alarmierung und Schutz der Bevölkerung" und fordert eine „sachliche Diskussion – nicht Ausschreitungen und tätliche Angriffe ... Es braucht für die notwendige Korrektur viel Sachverstand, Phantasie und Geld von seiten der Chemie und des Staates".

Die Regierungen beider Basel beschliessen, bei einer zufällig ausgewählten Stichprobe von 600 Einwohnern vorsorglich Urin und Blut auf allfällige Schadstoffspuren hin untersuchen zu lassen.

Roberto Mona, Chef des Lufthygieneamtes beider Basel, berichtet, dass die neusten Resultate der Luftanalysen die früher mitgeteilten Werte, die nur eine „minime" Belastung der Luft anzeigten, bestätigen. Mona kündet überdies an, dass ab sofort eine „Totalanalyse der Luft" vorgenommen werde. Erstmals sollen dabei alle organischen Komponenten identifiziert werden.

20. November
Morgens um 3 Uhr gerät im Bau 2094 im Werk Schweizerhalle von Ciba-Geigy in einem 1000-Liter-Kessel eine Versuchsreaktion mit Araldit ausser Kontrolle. Hitze und Überdruck lassen eine stinkende Dampfwolke entstehen, die phenolartige Verbindungen mit geringen Mengen von organisch gebundenem Brom enthält. Um 03.27 Uhr wird die Einsatzzentrale in Liestal alarmiert. Sie bietet vorsorglich Teile der Katastrophenstäbe von Basel-Stadt und Baselland auf. Die Bevölkerung wird wegen der stinkenden und beissenden Wolke über die Radios aufgefordert, Fenster und Türen zu schliessen. Nach Angaben von Werkleiter Benno Gunzinger ist der Unfall auf „menschliches Versagen" zurückzuführen.

Die Basler Regierung publiziert im Hinblick auf die Sondersitzung des Grossen Rates vom 27. November die Antworten auf insgesamt 28 Interpellationen. Darin werden unter anderem Regierungspräsident Hans Rudolf Striebel und Kantonsarzt Markus Schüpbach scharf kritisiert.
21. November
Nach Ansicht des Ciba-Geigy-Sprechers Reinhard Moser haben die Chemie-Unfälle nicht zugenommen. Nur die Information sei verstärkt worden, sagt er in einem Interview mit der „Berner Zeitung".

Durch eine Störung im Kühlsystem flossen aus einer Produktionsanlage der BASF in Ludwigshafen bis 6 Uhr morgens rund 2000 Kilogramm Pflanzengifte über einen Kühlwasserkanal in den Rhein. Der Stoff, Dichlorphenoxyessigsäure, sei „schnell abbaubar" und nur „von geringer Giftigkeit", versichert ein BASF-Sprecher, Auswirkungen auf Umwelt und Gesundheit seien nicht zu befürchten.

An der ersten Pressekonferenz der Sandoz, bei der Verwaltungsratspräsident Marc Moret auftritt, wird bloss Bekanntes wiederholt. Der Konzernherr spricht nur wenig – Worte des Bedauerns, ein Bekenntnis zu einer „besseren Chemie", ein Versprechen auf Wiedergutmachung. Die Brandruine ist jetzt mit einer Dachkonstruktion versehen; es wurde ein Dekontaminationsplatz eingerichtet und eine Wasser-Auffangwanne gebaut. Um eventuell vergiftetes Grundwasser unter dem Werksgelände absaugen zu können, werden zwei Tiefbohrungen abgeteuft. Die Journalisten erfahren, dass die Division Agro ein neues Lagerkonzept entwickelt. Der Hinweis, beiläufig in einem langen französischen Satz gemacht, dass im Lagergebäude acht Prozent mehr Chemikalien gelagert waren als am 4. November bekanntgegeben, fällt zunächst niemandem auf. Die genauen Angaben zu diesem Punkt stehen dann in einer schriftlichen Unterlage, die das Unternehmen erst nach der Pressekonferenz verteilen lässt: Nicht 1246 Tonnen, sondern insgesamt 1351 Tonnen Chemikalien lagerten im abgebrannten Bau

956. Aus der neuen Aufstellung geht unter anderem hervor, dass nicht 1,9 Tonnen Quecksilber in den Pestiziden enthalten waren, sondern 2,6 Tonnen.

Bisher hat Statthalter Toni Thüring in Arlesheim noch keine Zwangsmassnahmen gegen Sandoz oder einzelne ihrer Verantwortlichen verfügt. Es gab keine Hausdurchsuchungen, keine Beschlagnahme von Akten, keine Verhaftungen. Der Leiter der Sandoz-Rechtsabteilung betont, man habe Thüring alle gewünschten Akten ausgehändigt – auch die Risikoanalyse der „Zürich"-Versicherung, von der er nicht sagen will, wie Sandoz in deren Besitz kam.

Ciba-Geigy erklärt dezidiert, bei dem Unfall in der Araldit-Versuchsanlage in Schweizerhalle hätten „mit absoluter Sicherheit keine giftigen, mehrfach bromierten Dioxine und Furane" entstehen können.

Die Bürgermeister von Chalampé, Homburg, Niffer und Ottmarsheim im Elsass warnen die an ihrem Verbundnetz angeschlossenen Bewohner davor, das Trinkwasser für Säuglinge und Kleinkinder zu verwenden. Seit dem 19. November zeigen die am Monatsanfang begonnenen täglichen Analysen eine zunehmende Verschmutzung mit Spuren von Atrazin und Propethanphose. Ein Zusammenhang mit der Havarie bei Ciba-Geigy ist nicht erwiesen.

22. November

Am Morgen treten bei der Chemie-Firma Siegfried AG in Zofingen durch ein Leck aus dem Anschluss einer Produktionsanlage für Heilmittel zwei Kilo des hochgiftigen Phosgen-Gases aus. Sie werden in der dafür vorgesehenen Absorptionsanlage neutralisiert. Ins Freie gelangen keine messbaren Mengen.

Im Werk Kelsterbach des Frankfurter Chemie-Konzerns Hoechst gelangten „bis zu 50 Kilogramm" Chlorbenzol über eine Regenwasserleitung in den Main. Der Störfall wird nicht vom Unternehmen, sondern von einer Bürgerinitiative zur Reinhaltung des Mains den Behörden gemeldet. Nach dem Unfall betrug die Konzentration im Regenwasser 12 Milligramm Chlorbenzol pro Liter.

23. November

Die Rheinverschmutzung durch die Havarie bei BASF in Ludwigshafen erweist sich als schwerer als zunächst angenommen. Die Umweltminister von Rheinland-Pfalz und Nordrhein-Westfalen warnen die Rheinanlieger, Wasser aus ufernahen Brunnen zu fördern. Der Schadstoffgehalt liegt, wie Messungen ergaben, bis zum Tausendfachen über dem Grenzwert von 0,1 Mikrogramm pro Liter. In Rheinland-Pfalz werden bis zu 100 Mikrogramm gemessen, in Nordrhein-Westfalen bis zu 60 Mikrogramm.

24. November
Um 6 Uhr 30 entsteht im Werk der Roche AG in Sisseln beim Anfahren der Fabrikation von Vitamin A ein Überdruck, heisst es in einem Communiqué des Unternehmens: „In der Folge barst eine Drucksicherung. Der Inhalt der Kolonne – rund 50 Liter Methylvynilekton – ergiesst sich über eine Leitung in den dafür vorgesehenen Auffangbehälter ... Durch die Entlüftungsleitung traten jedoch reizende Dämpfe aus." Ausserhalb des Werkareals wurden sie nicht wahrgenommen, zudem habe die Werkfeuerwehr Wasservorhänge aufgebaut. Ein Arbeiter, der sich unmittelbar neben dem Fabrikationsgebäude befindet, wird zur Untersuchung ins Bezirksspital Laufenburg gebracht.

In Müllheim tritt der „Dreiseitige Regionalausschuss" („Comité Tripartite") zusammen, um Arbeitsgruppen einzusetzen, die aus dem Sandoz-Brand Schlussfolgerungen ziehen sollen. Der Basler Regierungsrat Kurt Jenny erklärt: „Dieser Chemiebrand war für Basel das schlimmste Ereignis seit dem Erdbeben anno 1356." Am schlimmsten sei, dass das Ereignis damals „nur" durch höhere Gewalt, jenes von 1986 aber durch Menschenhand geschah. „Wir haben die Massstäbe verloren und eine Staatskrise riskiert. Jetzt müssen wir auch für die Schweiz und die Region eine Art 'Seveso-Konvention' schaffen."

Dreissig Ärzte aus dem Landkreis Emmendingen (Baden-Württemberg) wollen keine Sandoz-Medikamente mehr verschreiben – als Reaktion auf das „sträflich leichtsinnige Verhalten" des Chemie-Konzerns.

In Grenzach-Wyhlen bestätigt der Internist Falk Nagel bei 50 Patienten gesundheitliche Störungen nach dem Sandoz-Brand. „Die Symptome waren bei allen 50 Patienten dieselben; die üblichen Routineuntersuchungen lieferten keine Hinweise auf Erkrankungen eines bestimmten Organs." Die Patienten litten unter Übelkeit, Kopfschmerzen, Reizungen der Nasenschleimhaut. Andere Ärzte beobachteten bei Patienten Juckreiz auf der Haut und in den Augen.

Nach Angaben des Baudepartements Basel-Stadt werden die Erklärungen der Ciba-Geigy über die Atrazin-Havarie vom 31. Oktober durch unabhängige Untersuchungen in- und ausländischer Stellen „in vollem Umfang bestätigt". Die Interpretation deutscher Politiker, wonach mindestens das 15fache der von Ciba-Geigy genannten Menge in den Rhein gelangt sei, hat sich als unrichtig erwiesen.

Ciba-Geigy freut sich so über diese Bestätigung, dass sie das Communiqué des Baudepartements gleich selbst per Telex an die Presse weiterleitet. Der designierte Vorsitzende der Konzernleitung, Alexander Krauer, kündigt die Einsetzung einer Arbeitsgruppe an, die mithelfen soll, das Vertrauen der Bevölkerung zurückzugewinnen – durch Überprüfung der Sicherheitsvorkehren, durch engere Zusammenarbeit mit den Behörden, durch intensiveren Dialog mit der Öffentlichkeit.

25. November

An einer gemeinsamen Sitzung beschliessen die Regierungen beider Basel, eine Expertengruppe zu beauftragen, ein Konzept für gesundheitliche Langzeit-Untersuchungen auszuarbeiten. Die Arbeitsgruppe soll zudem Anträge über die Ausarbeitung von umfassenden Risikoanalysen vorbereiten. Im Anschluss an die Sitzung besprechen sich die Regierungsräte mit einer Delegation der drei grossen Basler Chemie-Konzerne und der Handelskammer.

In Zürich beschliesst der Zentralvorstand des „Schweizerischen Werkbundes" (SWB), die Firma Sandoz AG aus dem SWB auszuschliessen. Das Verhalten der für die Giftkatastrophe in Schweizerhalle Verantwortlichen, finden die Leiter der Interessengemeinschaft gestalterischer Berufe, sei mit den Zielen der Organisation nicht mehr zu vereinbaren.

26. November

An einer Pressekonferenz erklärt der Baselbieter Sanitätsdirektor Werner Spitteler sein „abgrundtiefes Misstrauen" gegenüber der Firma Sandoz. Neue Untersuchungen haben nämlich Spuren von Dioxin auf dem Brandplatz zu Tage gefördert. „Aufgrund der Ergänzung der Lagerliste vom 17. November" hat Kantonschemiker Hans Rudolf Strauss zusätzliche Untersuchungen vornehmen lassen: Denn bei der Durchsicht der Ergänzung „bin ich erschrocken. Auf der neuen Liste standen nämlich plötzlich 2,3 Tonnen des Milbenvertilgungsmittels Tetradifon in achtprozentiger Lösung, das aus hoch chlorierten Stoffen besteht. Diese bilden bei der Verbrennung Dioxine." In einer der vierzehn Russproben fanden sich 50 Milliardstel Gramm Dioxin pro Quadratmeter – „das Fünffache der Menge, mit der die Menschen in Seveso leben mussten", entsetzt sich Strauss. Regierungsrat Spitteler findet es „unbegreiflich, dass wir so spät und kommentarlos über das Vorhandensein solcher Stoffe informiert wurden. Das Vertrauen in die Sandoz ist nicht mehr da. Wir können nicht mehr davon ausgehen, dass die Informationen dieser Firma stimmen. Nun stellen wir alles in Frage und ergreifen eigenständig die nötigen Massnahmen."

Unmittelbar nach der Pressekonferenz in Liestal veröffentlicht Sandoz ein Communiqué, in dem eigene Dioxin-Messungen vom 18. November erwähnt werden. Im Hinblick auf die zukünftige Entsorgung des Brandschutts sei mit dem „Amt für Umweltschutz und Energie" und dem Kantonalen Laboratorium schon früher die Möglichkeit einer Verunreinigung mit Spuren von Dioxinen und verwandten Stoffen in Betracht gezogen worden, behauptet das Unternehmen.

In einer Extraausgabe der „Sandoz-Gazette" spricht Konzernchef Marc Moret in einem Editorial an die Belegschaft von einem „tragischen Ereignis von mitteleuropäischem Ausmass", zu dem sich das Grossfeuer von Schweizerhalle geweitet habe. Moret dankt für die Solidarität, die die Mitarbeiter im Stammhaus und in den Tochtergesellschaften dem Unternehmen zeigen.

Bis heute haben die Taucher beim Löschwasser-Einfluss in Schweizerhalle mehrere hundert Kilo im Rhein abgelagerte Agrochemikalien aus dem Wasser geholt, teilt das Baselbieter Amt für Umweltschutz und Energie in einem seiner jetzt regelmässig erscheinenden Bulletins mit. Es kündigt an, dass für eine grössere, aber weniger stark verschmutzte Zone im Stauraum des Kraftwerks Birsfelden eine holländische Spezialfirma eingesetzt wird.

27. November

Der Basler Grosse Rat hält seine Sondersitzung zu Schweizerhalle ab. Einzelne Regierungsräte äussern sich zunächst in persönlichen Voten zum Vorgefallenen, zur Wut und Angst der Bevölkerung. Die Interpellanten, angefragt, ob sie von den Antworten auf ihre Fragen befriedigt seien, nehmen meist kritisch oder ablehnend Stellung. In zahlreichen Diskussionsbeiträgen und in den Fraktionserklärungen kommt klar zum Ausdruck, dass die bürgerlichen Politiker auf die Betroffenheit der Bürger/innen mit der Verbesserung von Sicherheitskonzepten und einer nur massvoll verstärkten staatlichen Kontrolle reagieren möchten. Das Prinzip der Selbstverantwortung der Industrie soll auf keinen Fall grundsätzlich in Frage gestellt werden. Linke und andere fortschrittliche Volksvertreter plädieren dagegen für einen grundlegenden Wandel in der Umweltpolitik. Am Schluss der Sitzung stimmt das Parlament über sechs Vorstösse ab, mit denen es der Regierung Aufträge zur Bewältigung der entstandenen Probleme erteilt. Alle werden ohne nennenswerte Opposition angenommen – auch jener, der ein staatliches Chemie-Inspektorat fordert.

Im Baselbieter Landrat werden zwei Interpellationen eingereicht, die sich kritisch mit der Untersuchungs-Tätigkeit von Statthalter Toni Thüring im Sandoz-Fall befassen. Die Volksvertreter wundern sich, dass keinerlei Hausdurchsuchungen oder Beschlagnahmen vorgenommen wurden, und dass die Untersuchungsorgane so tun, als ob keine Verdunkelungsgefahr bestünde.

Statthalter Toni Thüring bestätigt gegenüber der „Basler Zeitung", dass die Abklärung der Brandursache für ihn im Vordergrund stehe. Bis jetzt habe das Statthalteramt niemanden festgenommen oder angeklagt. Hingegen seien schon „zahlreiche Personen" – auch von Sandoz – einvernommen worden. Er sehe nicht ein, warum er Akten beschlagnahmen müsse, wenn sie ihm zur Verfügung gestellt würden.

In Basel wird der emeritierte Medizin-Professor Hans Reber zum Leiter des Expertenausschusses ernannt. Er wird mit dem Baselbieter Ausschussleiter Paul Thüring eng zusammenarbeiten.

Die Stadt Bonn verlangt von der Firma Sandoz als erste deutsche Wasserwerk-Betreiberin 175'000 Mark Schadenersatz für die Folgen der Rheinverschmutzung.

28. November

In keiner der aus dem Reaktorkessel bei Ciba-Geigy nach dem Araldit-Unfall vom 20. November entnommenen Rückstandsproben wurden polybromierte Dibenzofurane nachgewiesen. Die Sanitätsdirektion Baselland „bestätigt vollauf" die Aussage der Firma, dass weder Dioxine noch Furane in die Umgebung gelangten.

29. November

Nach einem ökumenischen Dank-, Buss- und Bitt-Gottesdienst in der Elisabethenkirche bewegt sich ein vielhundertköpfiger Trauerzug am späten Nachmittag zum Rhein.

1. Dezember

Nach einem Leitungsbruch bei der Sandoz-Tochterfirma STIA Masters-Builders Produkte AG in Pratteln gelangen um 15.30 Uhr 50 Liter der explosiven Reaktionsflüssigkeit Amylen in die Kanalisation. Die Bewohner des Bahnhofquartiers werden per Lautsprecher aufgefordert, kein Feuer zu machen; der Strom wird abgestellt. Mit Schaum bindet die Feuerwehr das Gas in den Kanalisationsschächten. Nach rund zwei Stunden ist die Gefahr gebannt.

Professor Marc Sieber, Leiter der Abteilung Publizität bei Sandoz, reicht seine Kündigung per Ende 1987 ein und lässt sich per 1. Januar 1988 vorzeitig pensionieren.

Alexander Krauer, designierter Konzernchef von Ciba-Geigy, startet mit einem Interview eine Offensive des Goodwills. Sein Unternehmen sei bereit, sich schärferen staatlichen Kontrollen zu unterziehen. Das Prinzip der Eigenverantwortlichkeit der Industrie soll aber weiterhin Geltung haben. Ciba-Geigy will künftig die Behörden über alle Betriebsstörungen informieren.

Die „Aktion Selbstschutz" reicht gegen die Tätigkeit des Arlesheimer Statthalters Toni Thüring beim Regierungsrat und bei der Überweisungsbehörde eine Aufsichtsbeschwerde ein.

2. Dezember

Am Vormittag fliessen über das Kühlwasser-System der Firma Lonza in Waldshut fünf Kubikmeter einer Latex-PVC-Emulsion in den Rhein. Über die Meldestelle Basel wird um 11.30 Uhr auf Anweisung des Stuttgarter Umweltministeriums der Internationale Rheinalarm ausgelöst. Die Emulsion war aus einem geöffneten Probehahn in einen Ablauf geflossen, der zur Kläranlage führt. Da die Dole aber mit einem Brett verstopft war, lief die Flüssigkeit durch die Kühlwasserleitung direkt in den Fluss, dessen Wasser sich weiss-grünlich verfärbte.

Die lange erwartete Erklärung von Bundespräsident Alphons Egli zur Chemiekatastrophe in Schweizerhalle vor der Vereinigten Bundesversammlung erfüllt nicht die Erwartungen, die man in sie setzte. Es handelt sich offensichtlich um einen Kompromiss-Text, der zwischen dem Bundesamt für Umweltschutz und dem Bundesamt für Aussenwirtschaft ausgehandelt wurde. So wird darin einerseits Betroffenheit über die Umweltzerstörung geäussert, anderseits aber die Chemieindustrie für ihre Verdienste um den Wohlstand des Landes gelobt. Am meisten Eindruck machen Alphons Eglis „persönliche Gedanken" am Schluss der Rede. Der Bundespräsident beklagt darin, dass der gute Ruf der Schweiz als Vorreiterin im Umweltschutz „in einer Nacht verschwunden" sei. Dies sei „deprimierend für uns alle".

Der Erste Staatsanwalt des Kantons Baselland, Cyrill Kürsteiner, übernimmt die Oberleitung der Sandoz-Untersuchung. Die Aufsichtsbeschwerde der „Aktion Selbstschutz" werde mit aller Sorgfalt geprüft, verspricht Heinrich Weibel, Präsident der Überweisungsbehörde, im Regionaljournal von Radio DRS.

An einer Pressekonferenz verlangt die Gewerkschaft Textil Chemie Papier (GTCP) mehr Mitbestimmung, aber auch die Einführung der Produktehaftpflicht. Aus den Erfahrungen des letzten Monats schliesst Präsident Hans Schäppi: „Die Arbeitsplätze werden nicht nur durch gewerkschaftliche Forderungen, sondern durch Missmanagement und eine einzig auf höchstmögliche Rentabilität ausgerichtete Unternehmensführung gefährdet."

Eine Arbeitsgruppe der „Aktion Selbstschutz" stellt eine Untersuchung über gefährliche Chemie-Transporte vor. Sie stellt fest, dass trotz des grossen Gefahrenpotentials solcher Transporte und trotz ihrer grossen Zahl die staatliche Aufsicht und Kontrolle ungenügend ist: „Die Chemischen haben Sonderrechte wie Diplomaten."

4. Dezember

Auf Einladung der Regierungen beider Basel findet in Muttenz eine Aussprache mit der Konzernleitung der Sandoz AG über die Konsequenzen der Brandkatastrophe statt. Nach dem Gespräch freut sich der Baselbieter Regierungspräsident Werner Spitteler am Fernsehen DRS über die „Basis eines neuen Vertrauensverhältnisses, das heute gelegt worden ist". Und Regierungsrat Eugen Keller aus Basel posiert mit Marc Moret auf einem Erinnerungsphoto (das die „Basler Zeitung" am 5. Dezember ihren Lesern vorzeigt).

Im Anschluss an die Sitzung gibt Sandoz bekannt, dass sie auf die weitere Verwendung von Phosgen in der Farbenproduktion in Schweizerhalle ab sofort verzichtet. Das Lager ist aufgebraucht und wird nicht mehr aufgefüllt. Hingegen kann die Firma in Basel in der Pharmaproduktion nicht auf das Giftgas verzichten. Pro Jahr benötigt sie dort zwischen fünf und zehn Tonnen. „Die Lagerung erfolgt unter Einhaltung striktester Sicherheitsmassnahmen", schreibt das Unternehmen in einem Communiqué.

Die „Liberal-demokratische Partei Basel-Stadt" geht in die Offensive: Mit konkreten Vorschlägen will sie die „offenkundig gewordene Kluft zwischen Bevölkerung und Wirtschaft, aber auch zwischen Mensch und Natur überbrücken". Im Vordergrund steht die Idee eines von der Wirtschaft zu finanzierenden „Ökozentrums". „Dieses mit dem Biozentrum vergleichbare Institut soll unter Beizug namhafter Wissenschaftler aus der ganzen Welt der Industrie die wissenschaftlichen Grundlagen für eine umweltgerechte Tätigkeit und die Schaffung von Arbeitsplätzen in neuen Bereichen vermitteln." Zudem will die „der Wirtschaft nahestehende Partei" (Selbsteinschätzung) sich für das „Zustandekommen eines 'Internationalen Umweltabkommens' engagieren".

*

Selbstverständlich ist diese Beschreibung der laufenden Ereignisse nach dem Sandoz-Brand in Schweizerhalle nicht vollständig. Manches, was hier bloss als kurze Meldung aufscheint, wird vielleicht später grosse Wirkung haben. Und vieles, was jetzt als Haupt- und Staats-Aktion daherkommt, wird schnell in Vergessenheit geraten. Als Quellen dienten: „Basler Zeitung", „Basler AZ", „Nordschweiz", „Basellandschaftliche Zeitung", „Berner Zeitung", „Blick", „Luzerner Neuste Nachrichten", „Sandoz-Gazette", „Badische Zeitung", „Schweizer Illustrierte", „Tages-Anzeiger", „Neue Zürcher Zeitung", „Weltwoche". Dazu die Pressemitteilungen der Regierungen beider Basel und ihrer Ämter, Communiqués der Chemie-Konzerne und eigene Beobachtungen und Recherchen.

Andrea Müller

Als Berichterstatter vor Ort

Andrea Müller vom schweizerischen Nationalsender Radio DRS (Regionaljournal Basel) war als einer der allerersten zur Stelle, als sich die Chemiekatastrophe am 1. November ab 00.19 Uhr zu ereignen begann. Am 6. November verfasste er folgendes Gedächtnisprotokoll der Ereignisse zuhanden seiner Vorgesetzten.

01.20 Telefonalarm der Basler Feuerwehr erreicht mich in Bettingen/BS.

01.22 Rückfrage bei Feuerwehr: „Muss übers Radio eine Meldung an die Bevölkerung gemacht werden?" – Antwort Feuerwehr: „Nein."

01.40 Ich treffe im DRS-Studio Basel ein und hole mein Tonbandgerät.

01.41 Erneute Rückfrage bei Feuerwehr Basel: „Mitteilung über den Sender?" – Antwort: „Nein."

01.42 Kurze Telefonbesprechung mit Klaus Kocher, Ressortleiter Information Basel bei Radio DRS. Kocher hat bereits die Telefonnummer zum Sendepult des Studios Zürich herausgesucht, von wo gegenwärtig das DRS-Nachtprogramm „Nachtclub" gesendet wird.

02.05 Ich treffe am Brandort in Schweizerhalle ein. Rudolf Messerli von der „Basler Zeitung", den ich im Auto mitgenommen habe, und ich sind die ersten Journalisten, die am Katastrophenort eintreffen und sich dort mit der Einsatzleitung in Verbindung setzen. Die Einsatzleitung beschliesst in meiner Anwesenheit, dass keine Alarmierung der Bevölkerung vorgenommen werden muss. Ich nehme einen Augenschein direkt am Brandort vor.

02.25 Ich beschliesse, die Bevölkerung über Radio DRS darüber zu informieren, was passiert ist, weil es doch fürchterlich stinkt, weil die Flammen kilometerweit zu sehen sind und die Autobahn N 2 (Basel–Bern/Zürich/Luzern) seit 02.00 gesperrt ist.

02.30 Erstes Telefon mit Gerry Schmitzer, der im Studio Zürich den DRS-„Nachtclub" moderiert. Wir kennen uns, und er willigt sofort ein, mich über den Sender zu lassen. (Anmerkung der Herausgeber: Die „Nachtclub"-Moderatoren sitzen zwischen Mitternacht und 06.00 Uhr allein im Studio und haben allein zu entscheiden, was in dieser Zeitspanne an Nachrichten zu vermelden ist. Nach der Chemiekatastrophe von Schweizerhalle hat die SRG – die Schweizerische Radio- und Fernsehgesellschaft – ihre Absicht kundgetan, künftig rund um die Uhr mit einer Nachrichtenredaktion präsent zu sein.) Kurze Besprechung mit Gerry Schmitzer über das Was und Wie.

02.37 Erste Information über Radio DRS über den Brand in Schweizerhalle mit dem Hinweis, dass die Einsatzleitung keinen Grund zur Alarmierung der Bevölkerung sieht.

03.00 Auf meinen Wunsch hin organisiert die Einsatzleitung eine Pressekonferenz mit den Fachleuten der Sandoz, die uns erste Angaben über die Stoffe machen, die in die Luft gehen.

03.30 Radio DRS meldet „Neues aus Schweizerhalle" und nennt als Stoffe, die in die Luft gehen, SO_2, Stickstoff und Phosphor. Ich habe ständigen Kontakt mit der Einsatzleitung, die – so der Eindruck vor Ort – sehr offen informiert. Spürtrupps der Einsatzleitung melden verstärkte Belästigung in der Nachbargemeinde Muttenz. Die Einsatzleitung beschliesst: „Um 03.40 Uhr wird in Muttenz via Sirenen Chemiealarm ausgelöst."

03.40 Information über Radio DRS aus Schweizerhalle: „In Muttenz heulen die Sirenen. Keine Panik ... Türen und Fenster schliessen ... Radio hören." Dazu Meldungen über die austretenden Schadstoffe Schwefeldioxyd, Stickstoff und Phosphor. Vom Quecksilber weiss man noch lange nichts.

04.00 Berichterstattung über Radio DRS wie oben.

04.30 Berichterstattung über Radio DRS wie oben. Anschliessend erfahre ich von „Nachtclub"-Moderator Gerry Schmitzer, dass der Einsatzleiter der Polizei in Basel, Hpt. Jules Stürzinger, über unseren Sender gesagt habe, der Alarm sei auf ganz Basel ausgedehnt worden. Als ich diese Meldung in die Einsatzzentrale vor Ort bringe, reagiert die Einsatzleitung mit heftigen Wutausbrüchen und insistiert darauf, dass der Alarm nur in der Gemeinde Muttenz hätte ausgelöst werden dürfen.

05.00 Radio DRS berichtet aus Schweizerhalle und weist auch auf die Kritik an der Ausdehnung des Alarms auf die Stadt Basel hin. Ziemliche Verwirrung in Schweizerhalle wegen widersprüchlicher Informationen. Die Basler Polizei gibt am lokalen Versuchssender (Privatradio „Basilisk", Anm. der Herausgeber) offensichtlich anderslautende Interviews. Der Informationschef der Einsatzleitung in Schweizerhalle kritisiert via Telefon heftig die Berichterstattung des lokalen Versuchssenders und weist dessen Redaktor auf seine Verantwortung gegenüber der Bevölkerung hin.

Erste Kontakte mit Kurt Witschi von der Nachrichtenredaktion Radio DRS in Bern.

05.30 Wie oben, DRS-Live-Berichte aus Schweizerhalle inklusive Alarmausdehnung auf die ganze Agglomeration Basel.

06.00 Erste Nachrichten-Sendung DRS mit Live-Bericht aus Schweizerhalle. Hans Suter, Leiter des Katastrophenstabes des Kantons Baselland (auf dessen Territorium die Unglücksstelle Schweizerhalle liegt), informiert (lang und konfus) über den DRS-Sender.

06.10 Das DRS-Studio Basel hat um 06.00 Uhr das dritte Programm übernommen. Erster Bericht über DRS 3 („Vitamin 3").

06.18 Neue Live-Berichte, in deren Verlauf sich auch Einsatzleiter Suter klarer äussert.

bis 07.00 Ich bin ständig auf Sendung, abwechselnd auf dem ersten und auf dem dritten Programm von Radio DRS; erste Kontakte mit Marco Färber, Chefredaktor Information von Radio DRS.

06.59 Als schon die Ansagen zum „Morgenjournal" (Frühnachrichten von Radio DRS) laufen, übermittelt mir die Einsatzleitung persönlich den Befehl „Endalarm".

07.00 Über Radio DRS wird Endalarm gemeldet, auch auf französisch und italienisch.

08.00 Nachrichten DRS mit Zweieinhalb-Minuten-Bericht aus Basel mit allen uns zur Verfügung stehenden Informationen.

08.30 Pressekonferenz der Einsatzleitung: Radio DRS wird gelobt und der lokale Versuchssender kritisiert.

09.00 Nachrichten fast wie oben, weil die Pressekonferenz keine neuen Informationen brachte.

Dann: Weitere Sendungen auf DRS 1 und DRS 3, während des ganzen Tages. Ich weiss nichts Genaueres mehr, denn das Gift hat meine weitere Erinnerung offenbar zugenebelt.

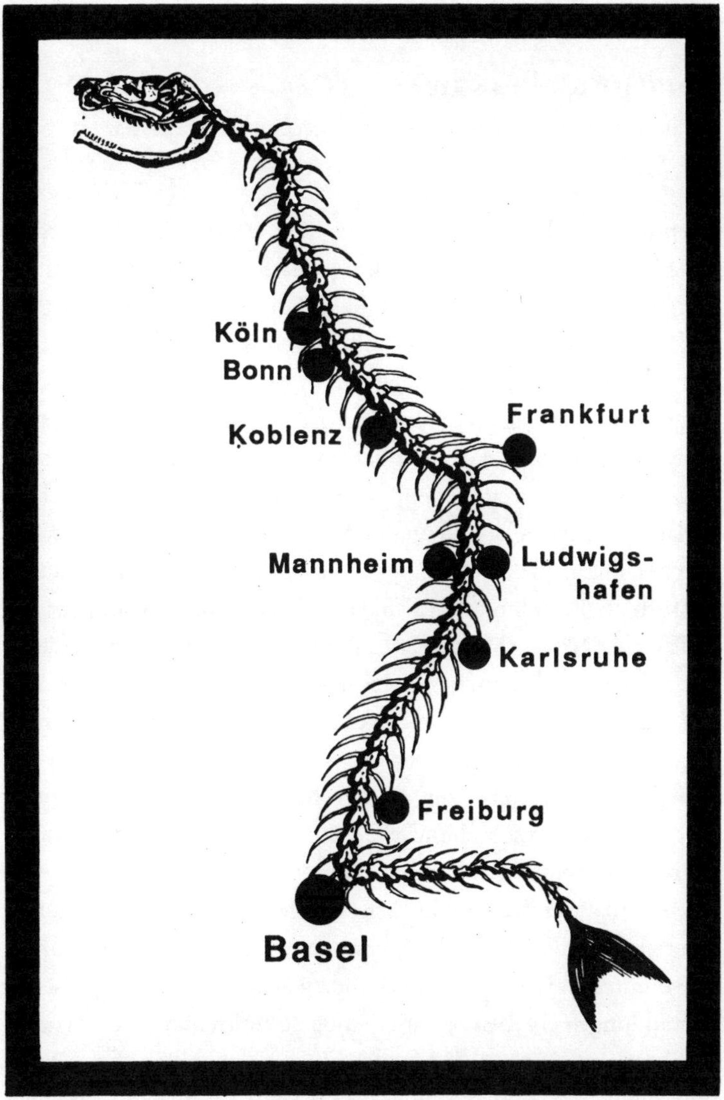

Aus: „Die Zeit", 14.11.1986

Hans Stefan Rüfenacht

Ende gut, alles gut?

Endalarm aufgrund zweifelhafter Entscheidungskriterien

Wichtige Entscheide brauchen eine seriöse Grundlage. So trivial diese Regel erscheinen mag, so wenig beachtet man sie am Samstagmorgen, dem 1. November, als die Behörden um sieben Uhr früh den Katastrophenalarm völlig aufheben – bereits dreieinhalb Stunden nach dem ersten Sirenenalarm.

Um eine totale Entwarnung zu veranlassen, sind die chemisch-analytischen Grundlagen aber entschieden zu ungenügend. Abgestützt wird dieser weitreichende Entscheid nämlich lediglich auf die vorläufige Schnellanalyse von fünf Substanzen respektive Substanzgruppen in Luftproben an einigen wenigen Standorten im Windfeld westlich des Brandherdes. Es sind dies Schwefeldioxid (SO_2), Stickstoffoxide (NO_X), Mercaptane, Ammoniak und Phosphorsäure-Ester. Diese hochtoxischen Ester machen einen Grossteil der über tausend Tonnen vorwiegend Agrochemikalien aus, die in Flammen aufgehen, und dienen bei der Luftanalyse als Leitsubstanzen der unverbrannten Lagerstoffe. Andere Reaktionsprodukte, die beim komplexen organisch-chemischen Stoffgemisch unter den Brandbedingungen entstehen können, werden nicht gemessen.

Der Analyseraster ergibt sich aus der Liste der eingelagerten Chemikalien, die bei mehreren hundert Grad Celsius verbrennen. Diese unter anderem schwefel- und stickstoffhaltigen organischen Verbindungen ergeben bei einer völligen Verbrennung (Oxidation) Kohlendioxid, Wasser, SO_2 und NO_X. Eine unvollständige Oxidation, die man in diesem Fall annehmen muss, führt zu Zwischenprodukten wie zu Mercaptanen bei den Schwefel- und zu Ammoniak bei den Stickstoffverbindungen.

Nicht berücksichtigt wird bei diesen ersten Schnellanalysen allerdings ein zentrales chemisches Reaktionsprinzip, das heisst dessen Folgen: ein komplex zusammengesetztes Gemisch von Dutzenden organischer Substanzen verbrennt bei etwa achthundert Grad Celsius bei ungenügendem Sauerstoffangebot und zusammen mit Löschwasser. Diese Situation beurteilt Hans Jenny, Sandoz-Chemiker, als gefährlich (Radio DRS, Sendung „Reflexe", 3.11.86):

„Es kommt nicht genügend Sauerstoff in den Brand herein. Dann erhalten wir keine komplette Verbrennung oder wir verbrennen bei zu tiefer Temperatur, auch dann erhalten wir keine komplette Verbrennung. Da ist es schon möglich, dass wir verschiedene Substanzen erhalten, Spaltprodukte der Verbrennung. Und da könnte man natürlich sagen, da gibt es fast alles Erdenkliche. Aber man muss daran denken, dass das vielleicht Zwischenstufen sind, die nicht lang haltbar sind und rasch in etwas anderes übergehen."

Über die Art und die Menge solcher Reaktionsprodukte lässt sich nichts Sicheres sagen. Und es lässt sich nicht prognostizieren, welche eventuell hochtoxischen Verbindungen in welchem Umfang an die Umwelt abgehen. (Immerhein weist man Mitte November Spuren von Dioxin an einem Metallträger der abgebrannten Halle nach.) Es ist daher nicht zu verantworten, bereits um sieben Uhr früh die luftchemische Situation als unbedenklich einzustufen und den Alarm aufzulösen.

Aber auch bei den Messdaten der tatsächlich untersuchten Substanzen (SO_2, NO_X, Mercaptane, Ammoniak, Phosphorsäure-Ester) ist man mit einer Interpretation der Resultate schnell zur Hand. Die eher grobe Blitznachweismethode (ca. fünf Minuten pro Einzelanalyse) mit sogenannten „Dräger-Röhrchen" ergibt in der Tat eine unbedenkliche Belastung der Luft mit diesen Schadstoffen. Die Analysewerte liegen unter der Nachweisgrenze der Methode, die je nach Schadstoff zwischen 0,05 ppm (zum Beispiel Phosphorsäure-Ester) und 1,5 ppm (zum Beispiel Mercaptane, Ammoniak) beträgt. (ppm = parts per million. Zum Beispiel ein Milliliter Schadgas in 1000 Litern Luft) Diese Schnellanalysen sind allerdings in zeitlicher wie geografischer Verteilung extreme „Momentaufnahmen", deren Resultate von mikroklimatischen Bedingungen abhängen wie etwa den Windverhältnissen, der Luftfeuchtigkeit, dem Regen und den luft-thermischen Verhältnissen oder auch von topografischen Grössen wie Häuserfluchten etc.

Die Messungen erfolgen zudem nur an fünf Standorten in der Zeit zwischen vier und fünf Uhr morgens, wobei die fünf Substanzen jeweils meistens nur in Einzelmessungen erfasst werden. Eine zweite Serie an fünf weiteren Orten folgt „um sechs Uhr bis etwa acht, neun Uhr. Insgesamt konnten wir etwa zehn Standorte erfassen", so Roberto Mona, Leiter des Lufthygieneamtes beider Basel in der Sendung „Reflexe" am 10. November. Zur Begründung des Endalarms können aber nur die Werte von fünf bis vielleicht sechs Messpunkten berücksichtigt werden, weil der Alarm ja schon um sieben Uhr früh aufgehoben wird.

Mit ganz wenigen Ausnahmen zeigen die Messungen in der Region Luftschadstoffmengen an, die dem Normwert entsprechen, auch für Quecksilber. Feinere Laboranalysen, welche die Sandoz im Auftrag des Lufthygieneamtes während des Samstags in Proben des frühen Morgens durchführt, bestätigen diese Befunde. Auch die Auswertung der Datenstreifen des Routineüberwachungsnetzes ergibt dasselbe, wobei diese Messstationen organische Reaktionsprodukte des Brandes nicht anzeigen können.

Dass man solche Brandprodukte für die Entwarnung nicht berücksichtigen kann und dass man sich bei den letztlich entscheidenden Messungen auf weniger als das Minimum beschränkt (in qualitativer wie quantitativer Hinsicht), zeigt klar, wie hoch die Behörden beim Entwarnungsentscheid mit Risiken gepokert haben. Zumindest hätte man noch während mehrerer Stunden die lufthygienische Situation in einem dichten zeitlichen wie geografischen Netz überwachen sollen, bevor man „Unbedenklichkeit" signalisierte.

Guido Bachmann

Widersprüche

Nach dem Tag der offenen Tür die Nacht der geschlossenen Fenster

Offene Sandoz

Unter diesem Titel lud die Sandoz anlässlich ihres hundertsten Geburtstages zum Besuch: „Eine Gelegenheit, sich eingehend über die Sandoz zu informieren. An Ort und Stelle, auf anschauliche Weise, in direktem Kontakt mit Fachleuten, die Ihnen für Auskünfte zur Verfügung stehen. Sie können sich an der Quelle über Pharma, Chemikalien und Agro, die Tätigkeitsgebiete des Sandoz-Stammhauses, orientieren. Über Forschung und Entwicklung, Herstellungsverfahren und Fabrikation – von der Aufbereitung der Rohstoffe bis zum fertigen Produkt. Sie haben auch Zugang zu den hochmodernen technischen Anlagen in den verschiedenen Werkgebäuden wie Energiezentrale oder Entsorgungs-Einrichtungen (...) Zudem erfahren Sie viel Wissenswertes über die weiteren Sandoz-Divisionen: Saatgut und Ernährung.

Wir heissen Sie herzlich willkommen. Wichtige Hinweise: Wegen der Gitterböden in den Fabrikationsgebäuden sind Stöckelschuhe ungeeignet ..."

SANDOZ – 100 JAHRE FÜR EIN LEBEN MIT ZUKUNFT.

Allerheiligen!

Diese Zukunft hat sich am Samstag, dem 1. November 1986, in Schweizerhalle, Kanton Baselland, Schweiz, um 00.19 Uhr von der Gegenwart verabschiedet, als die Lagerhalle 956, nachdem sie um Mitternacht, also einige Minuten zuvor, von einem Securitaswärter während eines Routinekontrollrundgangs für okay befunden worden war, in Flammen aufging.

Im Sandoz-Papier, anlässlich der zweiten Konferenz innerhalb dreier Wochen der Presse überreicht, heisst es, dass der Brand „fast gleichzeitig" von einer Polizeipatrouille und dem Sandoz-Werkschutz gemeldet worden sei. Eine Mannschaft der Autobahnpolizei hat das Feuer entdeckt.

Der Einsatz von Lösch-Schaum zeigt sich als ungeeignet. So setzen die 160 Mann von zehn Feuerwehren Wasser ein, ohne eine Ahnung zu haben davon, was denn da auch brenne. Ein Alarmplan existiert nicht. Das Wasser dient nur noch zum Schutz der anderen Hallen, in die ohnehin explodierende Fässer wie gezielte Geschosse einschlagen. In der benachbarten Halle ist auch Natrium gelagert. Das teilt man vorerst nicht mit.

Die 1968 erbaute, 100 x 60 Meter grosse Halle 956 brennt ab: sie diente einst für die Lagerung von Apparaten, vernimmt man später. Zweckentfremdet wurde die Halle erst 1979. Vor der Katastrophe sind in ihr über tausend Tonnen Agrarprodukte und 364 Tonnen Formulierstoffe aufbewahrt. Daraus lösten sich zweieinhalb Tonnen Quecksilber.

Quecksilbervergiftung entsteht durch Aufnahme von Quecksilberdämpfen ... Sie äussert sich durch Magen- und Darmschmerzen, Erbrechen, Durchfall und Nierenschädigung, sowie Metallgeschmack im Mund, vermehrten Speichelfluss, Kribbeln in den Händen und Füssen, schwarzen Stuhl und allgemeine nervliche Störungen. Inkubationszeit etwa vier Wochen.

Dass Quecksilber entwichen ist, verschweigt die Sandoz vorerst; denn der Informationsfluss folgt gemäss öffentlicher Überführung. Millionen Liter Löschwasser fliessen in den Rhein, weil die Halle *für Lagerung von Apparaten* mit den notwendigen Auffangbecken nicht versehen ist. Der Rhein färbt sich rot, aber Sandoz meldet, das sei nur Markierfarbe. Aus der Markierfarbe wird erst Gift, als die Fische am Verrecken sind.

Erst knapp vier Stunden nach der zufälligen Entdeckung des

Feuers versucht man, die Basler Bevölkerung zu warnen. Die Sirenen von Grossbasel fehlen. Die Sirenen werden ersetzt. Die Sirenen sollen 1987 wieder funktionstüchtig sein. Gegen Viertel vor vier geben Radio DRS und Radio Basilisk Warnungen durch. Der Kantonschemiker Martin Schüpbach wusste nicht, ob die Giftwolke tödlich sei. Zwischen U-Musik der heitersten Welle, einer modifizierten Hitparade des rhythmisch belanglos Trivialen, wird immer wieder durchgegeben, man solle Türen und Fenster schliessen. Als Einlage hört sich die Reportage von Radio Basilisk wie die furiose Schilderung eines Seenachtsfestfeuerwerks an. Polizeiwagen fahren durch das sirenenlose Basel und warnen im gleichen Wortlaut; damit aber besonders des Radio Basilisken Warnung deutlicher vernehmbar sein möge, wird von diesem Sender, nach dem Hinweis, die Fenster sollen geschlossen bleiben, die Empfehlung durchgegeben, Radioapparate seien *vor* das Fenster zu stellen.

Um 6.00 Uhr, die Flammen schlagen nicht mehr hoch, doch die Bildung von Chemikaliendämpfen nimmt zu, ruft man die Eltern auf, ihre Kinder *nicht* zur Schule zu schicken, wonach dann, während die Schwaden immer dichter über Basel hängen, der Gestank Brechreiz auslöst und der Rhein errötet, Entwarnung, die kaum jemanden erreicht, gegeben wird. Und zwar um 06.58 Uhr. Endalarm und Entwarnung demnach zur Zeit höchster Gefahr und heilloser Seldwyla-Verwirrung; Endalarm drei Stunden nach der diffusen Sandoz-Erklärung, es seien 500 Tonnen Agro-Fertig- und Zwischenprodukte, 300 Tonnen Rohmaterial, was das auch immer sein möge, und 15 Tonnen Additive, worunter sich jedermann ein genaues Bild machen kann, gelagert – und zwar (wörtlich): „grösstenteils harmlos". Weitere 600 Tonnen Gift werden erst später zugegeben (allmählich auch das Quecksilber), obwohl man schnell und in diesem Fall zu langsam, weil man dazu Stunden brauchte, einräumte, die Computerausdrucke der in der Werkzeughalle gelagerten tödlichen Substanzen seien genau. Doch nach sechs Uhr in der Frühe ward offizialiter mitgeteilt, „es bestehe absolut kein Grund mehr, zu Hause zu bleiben". Stunden später, eine hysterische Reaktion, als Tanz auf dem Vulkan gänzlich mittelalterlich anmutend, herrscht auf der Messe Hochbetrieb und Konsumzwang wie nie zuvor in über fünfhundert Jahren.

Nachdem Basel jener Metropole glich, die Hermann Kasack als Nekropolis im Roman „Die Stadt hinter dem Strom" beschrieben hat, nämlich als Chronik einer Stadt, die dem Totenreich gleichgesetzt wird (1946 erschienen), indem man keinen Bus, keine Tram, keinen Eisenbahnzug mehr fahren lässt und die Autobahnen sperrt, darf ab 07.00 wieder gefahren werden, und Regierungspräsident Hans Rudolf Striebel, Erziehungsdirektor, lässt, umgefallen durch polizeiliche Befehle, die Kinder entgegen kurz zuvor ausgegebener Direktiven, als Alibiübung und, wie die Schüler später auf Flugblättern verkünden, wie Versuchs- und Beruhigungspillen in die Schule jagen, obwohl zu diesem Zeitpunkt, wie allenthalben beteuert wird, niemand schlüssig nachzuweisen vermag, wie es um die Vergiftung der Luft bestellt ist; mehr noch – die „Basler Zeitung" (BaZ) titelt sogar am Montag: „Chemiewolke" (nicht Giftwolke) „gibt noch Rätsel auf."

Allerdings wird als contradictio in adjecto, ein Lapsus, dem die BaZ chronisch aufliegt, weil die Verwedelungstaktik zuvor eben nie im Ernstfall geübt worden war, grobfahrlässig kommentiert: „Mit der Entwarnung im Morgengrauen des 1. November wurde die Bevölkerung der Region Basel aus Albtraum und Ernstfall entlassen. Die Katastrophe von Schweizerhalle konnte als Brandfall erledigt werden." Und das am Montagmorgen. Aus der BaZ vom 3. November auszuschneiden und als Menetekel an die Wand zu hängen.

Rheines Gift als Beweislast

Am Montag lassen Hekatomben von Fischleichen Beschwichtigungsworte zu Dreck werden. Aale, diese widerstandsfähigen Wesen, verenden zu Hunderttausenden. Die Giftwoge fliesst durch drei Länder und ergiesst sich ins Wattenmeer. Wasserflöhe, Krebse, Asseln und Larven sind durch das Sandoz-Gift eliminiert. Dazu der Umweltminister von Baden-Württemberg: „Die Belastungen durch den Sandoz-Unfall sind absolut minimal."

Was in den Rhein geschwemmt wurde, fällt auf die Sandoz zurück, die erst durch Bekanntgabe von Analysen die rheinabwärts gelegenen Wasserwerke auf *mögliche* Verunreinigung durch folgende Substanzen aufmerksam macht: Disulfon, Propetamphos, Thiometon und Etrimphos, was exotisch klingen mag; aber es sind Gifte, die Seh- und Atemstörungen hervorrufen. Unzählige Gifte, die schwere Organschäden zur Folge haben und deren Namen Kopfzerbrechen bereiten mögen: Metoxuron, Oxadizal, Dinitro-o-Kresol vergiften den Rhein; auch Aetoxyäthyl-Quecksilber-Hydroxid: eine organische Quecksilberverbindung, die zu Durchfall, Speichelfluss und Entzündung im Mund führt.

Zu diesem Thema lässt sich die BaZ einen euphemistischen Titel einfallen: „Für die Rheinfische dauert der Katastrophenalarm noch an." Als ob sich Fische alarmieren liessen; aber das ist nicht nur Idiotie, sondern, man schreibt unterdessen den 4. November, Irreführung der Abonnenten und einer weiteren Leserschaft; denn zu diesem Zeitpunkt lebte kein Fisch mehr im unteren Rhein. Oder wollte man die sterbenden Fische bei Bonn alarmieren?

Die Fahrlässigkeit

„Wer ... Stoffe lagert, die bei ausserordentlichen Ereignissen den Menschen oder seine natürliche Umwelt schwer schädigen können, trifft zum Schutz der Bevölkerung und der Umwelt notwendige Massnahmen", so Artikel 10 des Umweltschutzgesetzes. Diese Massnahmen wurden von der Sandoz nicht eingehalten. Wie sagte der bemerkenswert wortkarge oberste Sandozist Marc Moret zum „Blick"? „Ich kenne die ganze Wahrheit noch nicht." Und das am

17. November. Wahrheitssucher Moret antwortet am selben Tag im gleichen „Blick" auf die Frage, ob vielleicht Sparsamkeit die Sicherheit aufs Spiel gesetzt habe: „Ich darf dazu jetzt nicht reden."

Am Anfang tönte Sandoz so: „Ungefährlich." Tönte so: „Ungiftig." Tönte so: „Völlig harmlos." Moret stilisierte diese himmlischen Chöre folgendermassen hoch: „Wir sind der Bevölkerung vor allem *auch* (sic!) Informationen schuldig, und wir werden *das Richtige im richtigen Moment* zu sagen wissen." Das Richtige im richtigen Moment zu sagen wissen? Wann? Und wenn – dann wie? Etwa durch den unsäglichen Informationschef Edgar Fasel? Und ganz gewiss nach der Maxime: Was richtig ist, das bestimmen wir. Der richtige Moment ist zweifelsohne *nach* der Fasnacht richtig. Wie sollte es anders sein, da doch Moret, der dazu „jetzt noch nicht reden darf", in der „Basler Zeitung" vom 5. November blauäugig beteuert: „Wir haben da eine sehr klare und offene Politik, was die Informationen anbelangt." Dann erst unterschwellig die Drohung an die Arbeitnehmer: „Will man die Forschung in Basel behalten, so müssen wir auch hier produzieren können." Und dann an die Adresse des Präsidenten der SP Schweiz, Helmut Hubacher, der sich ja für die Arbeiter einsetzt: „Wenn ein Politiker wie Herr Hubacher jetzt reagiert und sagt, man müsse sich jetzt die Frage stellen, ob wir nicht langsam an der Grenze unserer Möglichkeiten angelangt sind, so würde ich sagen: Ja, der Herr Hubacher hat recht, *aber dies hätte natürlich auch seine Konsequenzen.* Man müsste genau wissen, ob Regierung und Bevölkerung mit den Konsequenzen und den *Auswirkungen* einer *Standortverschiebung* einverstanden wären." Das ist blanker, bis auf die Knochen abgenagter Zynismus. Moret macht Hubacher indirekt unmöglich: und zwar vor den Arbeitern, deren Interessen Hubacher vertritt. Weiter: Moret lässt durchschimmern, dass er und seine ganze Sandoz verduften könnten; will sagen: dann schaut mal, wo ihr eure Brötchen verdient; aber bitte, *wir* bleiben, wenn es die Regierung und die Bevölkerung so will. Also wählt die Bevölkerung eine Regierung, die auch die chemische Industrie will. So einfach ist das. Zwischen den Zeilen räuchelt das Gespenst der angedrohten Arbeitslosigkeit auf.

Artikel 10 des Umweltschutzgesetzes, dessen Anfang oben zitiert ist, fährt fort: „Insbesondere sind die *geeigneten* Standorte zu wählen und die erforderlichen Sicherheitsabstände einzuhalten."

„Insbesondere" also, heisst es im Umweltschutzgesetz, das seit dem 1. Januar 1985 gilt, weiter: „insbesondere sind", wie ausgeführt, „die erforderlichen Sicherheitsabstände einzuhalten, technische Sicherheitsvorkehren zu treffen, sowie die Überwachung des Betriebes und die Alarmorganisation zu gewährleisten."

Ein Gerichtsurteil wird darüber befinden müssen, ob die Sandoz, wie der Regierungspräsident im kollegialen Sinn der Regierung verlauten liess, *fahrlässig* gehandelt hat. Fahrlässigkeit ist ein Delikt. Offenbar wurde einkalkuliert, dass die Lagerung den Anforderungen nicht genügte. Es steht im Artikel 28 des Umweltschutzgesetzes geschrieben, das zu überprüfen die basellandschaftliche Regierung, allen voran deren bis heute ungeschoren davon gekommener Regierungspräsident Spitteler, anlässlich eines Augenscheines bei Sandoz Pflicht und Schuldigkeit hätte: „Stoffe dürfen nur so verwendet oder *gelagert* werden, dass sie, ihre *Folgeprodukte* oder Abfälle den Menschen oder seine natürliche Umwelt nicht gefährden können."

Erwähnter Regierungspräsident Spitteler bevorzugt aber offenbar Zivilschutz, Gasmasken und Sirenen. Man erinnere sich, dass Sirenen dämonische Totenseelen sind: sie sitzen auf einer Insel und locken die Schiffer mit ihrem Gesang unwiderstehlich an, um ihnen die Lebenskraft auszusaugen. Odysseus lässt sich von seinen Gefährten, denen er die Ohren mit Wachs verstopft hat, am Mast festbinden und *hört* die Sirenen, ohne ihrem verderblichen Ruf folgen zu können. Folgt man nun, falls man wieder einmal Sirenen hat in Basel, dem Schrillen und geht ins Freie, um Schutzräume aufzusuchen, obwohl man drinnen bleiben und das Radio bei geschlossenen Fenstern *vor* dieselben plazieren sollte, ist man, nach August von Platen, allerdings nicht der Schönheit wegen, dem Tode schon anheimgegeben.

Martini am elften

Der Druck von aussen nimmt zu. Am 8. November, Samstag, Demo auf dem Markplatz. Zehntausend kommen. Anderntags, am Sonntagmorgen, Versammlung im Foyer des Stadttheaters. Siebenhundert kommen. Sieben sitzen ihnen gegenüber: jetzt sieht man sie, die Verantwortlichen der Katastrophennacht mit ihrem katastrophalen Gebaren: Hans Winkler, Sandoz, zuständig für die berühmte Sicherheit. Hans Suter, Einsatzleiter. Werner Spitteler, stumm wie ein Fisch, wiewohl lebendig, Regierungspräsident Baselland. Hans-Rudolf Strauss, Kantonschemiker. Jules Stürzinger, Einsatzleiter. Karl Schnyder, der sein höchstes Ziel erreichte und jegliche Panik erstickte, Polizeidirektor von Basel-Stadt. Und Hans Rudolf Striebel, Erziehungsdirektor mit Einfühlungsgabe. Ihnen wird toter Aal serviert.

Währenddessen ergiesst sich die Giftwelle in die Nordsee, und an Martini ist die Gans dann gerupft: den Verantwortlichen muss seit Jahren klar gewesen sein, welches Risiko sie, damit uns das Restrisiko bleibe, eingegangen sind; dass nämlich, so ein den Grünen bekannt gewordenes Papier der Zürich-Versicherung, „im Brandfall nebst einer Luftverschmutzung mit einer Gewässerverschmutzung durch Vermischen des Hydrantwassers mit Chemikalien" zu rechnen sei. Diese Warnung bezieht sich, 1981 gegeben, unmittelbar auf die Halle 956, diesen maroden Werkzeugschuppen. Ausserdem wurde einkalkuliert, dass mit immensen Rauchschwaden von unabsehbarer Toxizität gerechnet werden müsse, so dass eine Evakuierung der Bevölkerung (man erinnere sich an das Todestorkeln bei Sirenenklang der in die Schutzräume Getriebenen) notwendig würde. Zudem, immer noch nach dem zwar existierenden, aber eigentümlicherweise oder eher selbstverständlicherweise unauffindbaren Explosionspapier: „zudem sei nicht auszuschliessen, dass die Agrarprodukte chlorierte Benzole enthalten können, bei deren Verbrennen Dioxine entstehen."

Dazu nicht einmal vierundzwanzig Stunden später der Sandoz-Informations-Mann („Wir haben eine unerhörte Informationspflicht") Edgar Fasel: „Die Sandoz hat ein hohes Lob verdient." Das inkriminierte Papier sei marginal: morgen rede kein Mensch mehr davon.

Das Gesetz sieht vor: *„Wer vorsätzlich die zur Verhinderung von Katastrophen verfügten Sicherheitsmassnahmen unterlässt, wird mit Gefängnis oder Busse bestraft. Werden dadurch Menschen oder die Umwelt in schwere Gefahr gebracht, ist die Strafe Gefängnis."*

Bei der Chemiekatastrophe vom 10. Juli 1976 war in der Icmesa SA, die zum Basler Hoffmann-La-Roche-Chemiekonzern gehört, eine dioxinhaltige Gaswolke entwichen. In der Folge erkrankten 193 Menschen an Chlorakne, 18 Quadratkilometer (Basel-Stadt ist ohne Landgemeinden nur wenig grösser) wurden verseucht. Hoffmann-La-Roche zahlte an die Geschädigten eine Summe von rund 300 Millionen Franken Schadenersatz.

Nach SP-Kantonalpräsident Roland Stark „müsste jetzt die Staatsanwaltschaft einschreiten und einzelne Leute von Sandoz wegen Verdunkelungsgefahr aus dem Verkehr ziehen". Die wichtigsten Informationsträger des Konzerns, so Stark, hätten bald vierzehn Tage Zeit gehabt, um allenfalls wichtiges Material beiseitezuschaffen.

Flora stirbt – Sandoz floriert *(Spruchband)*

Nach vier Wochen sind nur Rudimente der Wahrheit bekannt. Nur ruhig. Im richtigen Moment wird das Richtige gesagt. Zuerst wird beruhigt, schliesslich halbherzig berichtet und endlich verheimlicht.

Personelle Konsequenzen sind bei Sandoz auch vier Wochen nach der Katastrophe nicht gezogen worden.* Offenbar gilt auch bei Sandoz, dass es nie zu spät, doch stets zu früh sei. So wird am 17. November bekannt gegeben, dass die Produktion von Insektizid-Wirkstoffen um 60 Prozent reduziert wird. Um *nur* 60 Prozent sollte es heissen. Und wer sagt denn, dass diese Reduktion nicht ohnehin geplant gewesen sei?

Vorerst aber wird an der Brandstätte gebosselt, und der Baisse bei der Börse wird nach vorübergehendem Absacken der Aktien um eine Milliarde Franken garantiert die Hausse folgen. Wie sagte doch Tucholsky? „Der Mensch ist ein nützliches Lebewesen, weil er dazu dient, durch den Soldatentod Petroleumaktien in die Höhe zu treiben" (und) „durch den Bergmannstod den Profit der Grubenherren zu erhöhen."

Aber bitte: Sandoz, 100 Jahre für ein Leben mit Zukunft.

* Am 1. Dezember gibt Marc Sieber, Informationschef der Sandoz AG für das Stammhaus in Basel, seine Kündigung bekannt.

Reaktionen

„Mit der Entwarnung im Morgengrauen des 1. November wurde die Bevölkerung der Region Basel aus Albtraum und Ernstfall entlassen. Die Katastrophe von Schweizerhalle konnte als Brandfall erledigt werden."

Hans-Peter Platz, Chefredaktor der „Basler Zeitung", 3.11.1986

In der Nacht vom 7. auf den 8. November kleben junge Künstlerinnen und Künstler in einer spontanen Aktion in der ganzen Stadt Plakate zur Chemiekatastrophe auf.

ICH HABE ANGST
Frisch und rund und zuckerfrei
ZUFÄLLIG LEBEN WIR NOCH
Jug & Washboard Band
Tub, Jug Jazz aus Basel
Vorverkauf Musik Hug

folie
DER
RHEIN
WAR ROT
JETZT IST
ER TOT
WIR ALLE
SIND IN NOT

BASEL - STRASBOURG
- MAINZ - BONN -
ROTTERDAM
REISEBÜRO
SANDOZ

Achtung, fertig,
QUECK-
LEBENDIG
WANDER
Frisch und rund und zuckerfrei.

Total blin
Tout aveugle

zuckerfrei.
JCH
HAB
ANGST
Ihre
Panasonic

Peter Burri

„Nur tote Fische schwimmen mit dem Strom"

Manifestationen der Bevölkerung seit dem 1. November

Samstag, 1. November. Nach dem Endalarm verkündet Regierungsrat Hansruedi Striebel, Vorsteher des Basler Erziehungsdepartementes, (offenbar aufgrund eines Entscheides des Krisenstabes) über Radio, dass die Schüler nun – entgegen früheren Meldungen – doch zur Schule zu kommen hätten, Schulbeginn sei um 09.30 Uhr. Viele Eltern schicken ihre Kinder zur Schule, obwohl sie das unvernünftig finden. In einzelnen Klassen sind zwar die Schüler da, die Lehrer aber zuhause geblieben. Andere Eltern folgen der Anordnung nicht. Gegen tausend Schüler bleiben der Schule fern.

Am Wochenende vom 1./2. November ist Basel ruhig, wie gedämpft, obwohl noch Herbstmesse ist mit einigem Vergnügungsrummel. Die Stimmung: Wir sind noch einmal davongekommen. Und die lähmende Unsicherheit: aber vor *was*? Die Bevölkerung versucht sich über Radio und Fernsehen und anhand eines bunten „Extrablattes" der „Basler Zeitung" ein Bild davon zu machen, was eigentlich geschehen ist.

Samstagabend, 1. November. Im Zürcher Theater am Neumarkt fällt eine Premiere aus, weil ein Schauspieler erkrankt ist. Betroffen von der Chemiekatastrophe in Basel, deren Ausmass im Verlauf des Morgens auch in Zürich begriffen wird, veranstaltet die Bühne als Ersatz für die geplante Vorstellung eine Diskussion über „Schweizerhalle". Über Video wird nochmals die Tagesschau des Schweizer Fernsehens eingespielt. Man diskutiert über die stolze Haltung der

Experten, der Männer der ersten Stunde, die in Interviews zum Ausdruck bringen, dass sie die Lage im Griff haben. Erste Kritik am offiziellen Sprachgebrauch: „Ereignis" und „Vorfall" statt „Katastrophe". Ein junger Chemiker auf dem Podium wird mit Fragen bestürmt. Er sagt (Gedächtnisprotokoll): „Kein Chemiker kann sagen, was die Substanzen, die in Basel in die Luft gingen, für Reaktionen bewirkt haben." Anschliessend wird der Film „Das leise Gift" von Marcus P. Nester gezeigt.

Montagmorgen, 3. November. Hunderte von Schülern demonstrieren um 10.00 Uhr auf dem Münsterplatz vor dem Gebäude des Erziehungsdepartementes und verlangen ein Gespräch mit Regierungsrat Striebel. Sie demonstrieren dagegen, am Samstag als „lebende Beruhigungspillen" für die Bevölkerung benützt worden zu sein. Die Schüler lehnen es ab, eine Zehnerdelegation zu bestimmen, mit der Striebel reden will. Er erklärt sich schliesslich bereit, sich in ein Auto auf den Platz zu setzen, das mit einem Megaphon ausgerüstet ist. Striebel gesteht, dass er die Radiomeldung, der Schulbetrieb werde nun trotzdem wieder aufgenommen, hätte widerrufen sollen und erklärt: „Beim Endalarm hat der Krisenstab offenbar entschieden, dass die Schule stattfindet. Das war nicht ganz nach den Kompetenzen, aber ich habe das nicht wieder umgestürzt, weil ich dachte, es gebe so weniger Unsicherheit."

Schliesslich wird doch noch eine Zehnerdelegation gebildet und von Striebel im Amt empfangen. „Nordschweiz" vom 4. November: „Die Delegation zeigt sich enttäuscht. Man habe nichts Konkretes erfahren. Striebel habe sie, so einer der Schüler, mit den Worten vertröstet: 'So schlecht ist unsere Welt doch gar nicht, sonst hätten wir nicht so einen Andrang aus der Dritten Welt.'"

Montagnachmittag, 3. November. Im Kaffee „Schlappe" treffen sich rund 150 Schülerinnen und Schüler zu einer Vollversammlung.

Sie erklären sich unbefriedigt von den Antworten, die Regierungsrat Striebel am Morgen gegeben hat und behalten sich weitere Massnahmen vor, zum Beispiel einen Schulstreik. Sie planen für Samstag, den 8. November, eine Demonstration und verabschieden eine Resolution mit folgenden Forderungen:

- „Genaue und detaillierte Information an alle Schüler aller Stufen,
- sofortige Bildung einer unabhängigen Untersuchungskommission mit Beteiligung der Umweltschutzverbände,
- keine chemischen Pulverfässer in Basel und anderswo, sondern Umstellung der Produktion auf umweltverträgliche Produkte, Kontrolle der Lagerungs- und Produktionsmethoden der Chemie durch unabhängige Instanzen,
- Einführung des Faches Ökologie in allen Basler Schulen.

Mit Befriedigung stellen wir fest, dass die Erziehungsdirektion der Stadt Basel den Aktionen der Schülerinnen und Schüler im nachhinein recht gegeben hat, indem sie angesichts der Massen der Schülerinnen und Schüler unsere 6. Forderung erfüllt hat: Alle Absenzen wurden gestrichen."

Die Demonstration auf dem Marktplatz soll am 8. November um 15.00 Uhr beginnen und bis 16.00 Uhr von den Schülerinnen und Schülern der Vollversammlung bestritten werden. Die Organisation eines zweiten Teils („von 16.00 Uhr bis unbestimmt") der Demonstration wird anderen Gruppierungen überlassen.

In der Sendung „Input" vom 9. November dokumentiert Radio DRS von dieser Vollversammlung folgende Erfahrungen, die Schüler am Montagmorgen machten, und folgende Kommentare:

„Wir haben in der ersten Stunde Geographie gehabt, und dieser Typ hat einfach mit keinem einzigen Wort dieses Ereignis zur Sprache gebracht. Wir nahmen irgendwelche Einwohnerkurven durch oder sonst einen Shit ... Ich finde die Ignoranz der Lehrer wahnsinnig. Es wäre doch ihre Aufgabe, dass sie, wenn so etwas passiert, eine Bemerkung machen oder eine Diskussion in Gang bringen."

„Es gab sogar Lehrer, die dumme Sprüche machten."

„Unsere Lehrer fordern doch von uns immer, dass wir politisch werden. Wenn wir dann einmal politisch sind, haben die Hälfte von ihnen oder noch mehr eine 'dumme Schnuure'. Sie verbieten uns, in der Schule Plakate aufzustellen ..."

Dienstag, 4. November. Im Rahmen seines Konzeptes „Theater am Tatort" bringt der junge Schweizer Regisseur und Kulturmanager Lukas Leuenberger seine Produktion „Abendstunde im Spätherbst" im Nobelhotel „Drei Könige am Rhein" zur Basler Premiere. Vor erlesenem Publikum, das für dieses Kulturereignis inklusive „Dürrenmatt-Menu" und Getränke à discretion 150 Franken bezahlt, spielen die Schauspieler Franz Matter und Wolfgang Schwarz eine Schauspielfassung dieses Kriminalhörspiels von Friedrich Dürrenmatt. In der Rolle eines Buchhalters, der einem Erfolgsautor nachweist, dass er seine geschilderten Morde selber begangen hat, flieht der Schauspieler Franz Matter auf den Hotelbalkon und spielt improvisierend auf die Verseuchung des Rheins an, der vor der Tür träge dahinsiecht. Kurzes Grinsen im Publikum. Viel Applaus.

Freitag, 7. November. Mit einer Petition verlangen 302 Ärzte aus Basel-Stadt, dass der Regierungsrat sich beim Bund für Sofortmassnahmen im Bereich des Umweltschutzes einsetze. „Basler Zeitung" vom 8. November:

„Dass unsere Luft stark belastet ist, weiss man in Basel nicht erst seit dem vergangenen 1. November. Die Luftverschmutzung hat aber Ausmasse angenommen, die im höchsten Grad beunruhigend, ja beängstigend sind. Dies wurde an einer Pressekonferenz deutlich, die im Zusammenhang mit dem 'Aufruf von Ärzten für Wald und Gesundheit' am Freitag in Basel abgehalten wurde. Anlass dazu war die Übergabe einer Petition an den Basler Regierungspräsidenten Hans Rudolf Striebel.

In der Petition wird verlangt, dass die Kantone beim Bund intervenieren, um auf diesem Weg eine massive Einschränkung des motorisierten Verkehrs zu erreichen. Dazu gehöre ein Konzept zur Eindämmung des motorisierten Pendelverkehrs, noch wirksamere Förderung des öffentlichen Verkehrs, der Verzicht auf neue Strassen und Parkplätze sowie die Einführung von Tempo 30 in Wohngebieten.

Die 302 baselstädtischen Ärzte, die die Petition unterzeichnet haben, vertreten die Ansicht, dass wir uns betreffend Luftqualität bereits in einem Notstand befinden. Von 'Luftverschmutzung' zu sprechen heisse, die Situation unterschätzen oder bewusst bagatellisieren, wurde an der Presseorientierung betont. Vielmehr handle es sich um eine eigentliche 'Luftvergiftung'.

Die Folgen dieser Luftvergiftung sind nach Ansicht der Ärzte so einschneidend, dass wir sie laufend verdrängen."

Samstagmorgen, 8. November, 02.00 Uhr. In einer spontanen Aktion hängen junge Künstlerinnen und Künstler in der ganzen Stadt Plakate zur Chemiekatastrophe auf und überkleben offizielle Plakatsäulen und -wände. Die Polizei schaltet sich ein. In der Sendung „Input" vom 9. November dokumentiert Radio DRS folgendes Gespräch zwischen einem Polizisten und mehreren Plakatklebern (Transkription aus dem Dialekt von P.B.):

POLIZIST Es ist unser Auftrag zu verhindern, dass Plakate überklebt werden, weil das nicht legal ist. Grundsätzlich müssten wir Sie jetzt aufschreiben und verzeigen.

PLAKATKLEBER Was bringt denn das? Gar nichts.

POLIZIST Arbeiten Sie auch irgendwo? Wenn Sie irgendwo angestellt sind, machen Sie Ihre Arbeit ja auch zur Zufriedenheit Ihres Arbeitgebers, oder?

PLAKATKLEBER Ich mache die Arbeit zur Zufriedenheit des Arbeitgebers, sofern ich sie sinnvoll finde. Als Arbeitnehmer habe ich auch eine Verantwortung, dass ich nichts tue, was ich für jenseits der Grenzen der Vernunft halte. Ich bin nicht verpflichtet, einen blinden Gehorsam zu haben. Ich weiss nicht, wieviele Leute jetzt ihren Enthusiasmus stundenlang in diese Plakataktion gesteckt haben, und nun hängt man die Plakate auf – und das soll nun verhindert werden. Das ist himmeltraurig!

PLAKATKLEBER Ich finde, wir sind schon genug verkauft worden, auch die ganze Schweiz ...

POLIZIST Das hat jetzt nichts zur Sache, das mit dem Verkauftwerden ...

PLAKATKLEBER Die normalen Plakatflächen werden ja auch verkauft, das ist Werbung!

POLIZIST *(sanft)* Es geht jetzt um *Ihre* Plakate, ich kann es nicht ändern, ich bin halt nun einmal Polizist ...

PLAKATKLEBER Das verstehe ich. Ich mache Ihnen ja auch keinen Vorwurf, ich habe ja auch ein Herz ... Aber man muss zu Aktionen stehen. Dann geht es Ihnen nämlich auch besser, wenn Sie zu Ihrem Verhalten stehen können.

POLIZIST Ich kann schon zu dem stehen, was ich mache.

PLAKATKLEBER Es ist schade, dass Sie einen solchen Beruf ausüben müssen, weil Sie sich gegen Ihren eigenen Willen verhalten müssen.

POLIZIST *(hin- und hergerissen)* Es gibt Dinge, die gegen meinen Willen sind, das stimmt. Ich muss sie halt tun, ich habe mich verpflichtet. Ich habe einen Auftrag. Wenn ich nichts unternehme, kommen die andern und sagen: Schau, dieser faule „Siech" da, der macht wieder nichts ...

PLAKATKLEBER Ist mir klar, aber es braucht doch Polizisten, die wissen, wie das Volk denkt. Solche gibt es doch in Basel noch ...

POLIZIST *(ungeduldiger)* Das wissen wir schon, deswegen kann ich Ihnen trotzdem nicht sagen: Kleben Sie Ihre Plakate auf! Das ist bei jedem Plakatanschlag so, ob geworben wird für das Jugendhaus Sommercasino oder für „Mövenpick", wenn es nicht legal ist ...

PLAKATKLEBER *(fällt ihm ins Wort)* ... ist denn *das* legal, was jetzt die ganze Zeit passiert? Das sind alles „Zufälle", die da geschehen sind. Und wir kleben jetzt heute nacht zufällig und unfallmässig Plakate auf, da kann man ja auch einmal ein Auge zudrücken, oder?

(Am Samstag hängen die Plakate in der ganzen Stadt.)

Samstagnachmittag, 8. November. Gegen 10'000 Personen haben sich um 15.00 Uhr auf dem Marktplatz versammelt. „Die grösste Demonstration, die Basel seit Jahren erlebt hat", schreibt die „Basler AZ" am 10. November: „Die Schüler hatten an diesem Nachmittag des Szepter voll in der Hand: Sie verteilten das Mikrophon an die übrigen Redner, sie wiesen die Menschenmenge an, wo sie sich wie aufzustellen hat, und sie begannen die Demo mit einem symbolischen 'Fischzug' zum Barfüsserplatz und zurück zum Marktplatz."

Die Kundgebung wird von 14 Organisationen unterstützt, von Linksparteien, Studenten- und Frauenorganisationen sowie Anti-AKW-Gruppierungen.

Eine Schülerin eröffnet den Reigen der Ansprachen mit folgendem Text:

„Liebe Leidgenossinnen und Leidgenossen! Wir sind betroffene Schülerinnen und Schüler, die die nächste Stunde gestalten werden. Wir haben uns als Schüler zusammengeschlossen, um etwas gegen unsere Ohnmacht zu tun, vielleicht um festzustellen, dass wir nicht ganz so ohnmächtig sind. Wir gehören keiner politischen Partei oder Gruppierung an. Als aktiver Teil dieser Gesellschaft und Träger der Zukunft sind wir nicht bereit, die Fehler der vergangenen Generationen weiter auszubaden, sind wir nicht bereit, auf denselben Gleisen des Verdrängens und Negierens weiterzufahren. Als Schüler fragen wir uns heute, eine Woche nach dem Grossbrand in Schweizerhalle, warum man uns Informationen in diesem Masse vorenthält, wo wir doch den Schulunterricht besuchen, um Zusammenhänge zu begreifen und um kritisch denken zu lernen. Unsere Zukunft beginnt nicht erst mit der Volljährigkeit."

Grossen Applaus erntet auch der elfjährige Michi, der unter anderem sagt: „Ich finde es eine Sauerei, dass ich zu jung sein soll, um zu wissen, was da vor sich geht." Die Schüler tragen ihre Forderungen vor, die sie an der Vollversammlung vom Montag beschlossen haben.

Anschliessend äussern sich Erwachsene. Frauen melden ihre Betroffenheit und ihre Weigerung an, männlichem Nutzdenken weiterhin Folge zu leisten. Im Namen der SP sagt alt-Rektor Felix Mattmüller: „Es ist für mich als älteren Menschen eine Hoffnung, ein Lichtblick, dass in dieser politischen Betonlandschaft Schülerinnen und Schüler ihre Zukunft selbst in die Hand nehmen wollen. Die SP unterstützt sämtliche Forderungen der Schüler."

Die Kundgebung steht unter dem Motto: „Fische sind wehrlos – wir nicht" und verläuft friedlich. Ein paar Vermummte spalten sich ab und schlagen beim Biozentrum und bei der Sandoz Scheiben ein. „Um 19 Uhr konnte die Stadt wieder ihrem normalen Alltagstrott nachgehen" („Basler Zeitung" vom 10. November).

Samstagnachmittag, 8. November. Parallel zur Basler Demonstration haben die POBL, die „Grüne Liste Baselbiet" und die „Grüne Partei Baselland" in Muttenz zu einer Kundgebung aufgerufen. „Basler Zeitung" vom 10. November: „In ihrer Ansprache bezeichnete alt-Landrätin und Naturwissenschaftlerin Florianne Koechlin (POBL) die Region als 'Bananenrepublik'. So wie in diesen Staaten seien auch bei uns die Behörden von den Multis abhängig. Deren Fabrikareale seien exterritoriale Gebiete ('ein Staat im Staat'). Kontrollen der Chemie durch den Staat gebe es nicht. Darum sei die Forderung nach einem Gift-Inspektorat 'das mindeste'. 'Künftig', so die Referentin, 'müssen wir eigene Messungen vornehmen, damit wir wissen, ob die Behörden lügen oder nicht.'"

Auch in Muttenz sind eine Schülerin und ein Schüler am Mikrophon. Daniel Werthmüller singt sein neues Lied „Endalarm".

Sonntag, 9. November. Diskussionsmatinee im Foyer des Basler Stadttheaters. Mit 800 Leuten ist der Raum zum Bersten voll. Auf dem Podium sitzen die drei Regierungsräte Werner Spitteler (Baselland), Hansruedi Striebel und Karl Schnyder (beide Baselstadt), Hans Suter, Polizeikommandant und Einsatzleiter Katastrophenstab Baselland, Jules Stürzinger, Krisenstab Basel-Stadt, Hans-Rudolf Strauss, Kantonschemiker Baselland, Hans Winkler, Mitglied der Sandoz-Geschäftsleitung und Diskussionsleiter Erich Holliger vom Basler Theater.

Die Stimmung kocht. Im Publikum sitzen engagierte Bürger, die Fragen stellen und Antworten hören wollen, aber auch junge „Chaoten", die sich vorgenommen haben, die Veranstaltung zu sprengen. Für die Podiumsgäste ist ein Fluchtweg vorbereitet. Die „Chaoten" skandieren „Mörder, Mörder!" und blocken zunächst das Zustandekommen eines Gesprächs ab. Erich Holliger gelingt es, trotz aller Unruhe und Gereiztheit, eine Diskussion in Gang zu bringen. Im Schussfeld steht zunächst Regierungsrat Striebel, der die verunsicherten Eltern am Samstagmorgen über Radio angewiesen hat, ihre Kinder nun doch zur Schule zu schicken. Diese Massnahme wird ihm als Beruhigungsmanöver angelastet. Er entschuldigt sich dafür, die „psychologische Stimmung" in der Bevölkerung an jenem Morgen „falsch eingeschätzt" zu haben, und bekennt, er selber habe um 06.00 Uhr früh aufgrund seiner chemischen Kenntnisse sofort gewusst, dass der Gestank über der Stadt von zwar fürchterlich übelriechenden, aber ungefährlichen Mercaptanen herrühre. Er selber sei dann gleich in sein Amt geradelt.

Heftige Reaktionen im Publikum, das nun vom einzigen Sandoz-Vertreter Hans Winkler eine Entschuldigung, ein Wort der Betroffenheit und die Erklärung vernehmen will, dass die chemische Industrie in eine Sackgasse geraten ist. Winkler gibt kurze, rein technokratische Antworten. Auf die Frage, ob auch er Angst gehabt habe in jener Nacht, sagt er: „Ich habe keine Zeit gehabt, Angst zu haben." Das stimmt vermutlich, aber Winkler hat nicht begriffen, dass die Leute, die vor ihm sitzen, Todesangst ausgestanden haben. Auf die Frage, ob Sandoz bereit sei, auf die Produktion von Agrochemie zu verzichten, die sowieso umstritten ist, fällt ihm nur der Satz ein: „Wir haben Lieferverpflichtungen." (Erst in der dritten offiziellen Pressekonferenz, zu der Sandoz unter dem Druck der Ereignisse am 21. November – 21 Tage nach der Katastrophe! – lud und an der sich auch erstmals Sandoz-Verwaltungsratspräsident Marc Moret zeigte, schlägt Sandoz süsse Töne von einem möglichen Umsteigen auf sanfte Chemie an ...)

Es wird viel über das Phosgen geredet, das in unmittelbarer Nähe der abgebrannten Halle 956 lagert. Im Lärm geht Hans Winklers Satz unter, dass viel näher noch „weit gefährlichere" Produkte gelagert würden.

Die Stimmung im Theaterfoyer wird immer brenzliger. Regierungsrat Schnyder, der als Basler Polizeipräsident auch für den Zivilschutz verantwortlich ist, bekennt: „Der Zivilschutz ist in einem solchen Fall nicht in der Lage, die Bevölkerung zu schützen."

Immer wieder reden die Experten vom „Ereignis". Der Schriftsteller Guido Bachmann springt aus dem Publikum auf und verkündet mit rhetorischem Nachdruck: „Eine Ereignis ist, wenn eine Frau ein Kind bekommt. Wenn *Sie*" – dabei weist er auf einen der männlichen Experten – „ein Kind bekommen, ist es eine Katastrophe!"

Erich Holliger fragt Kantonschemiker Strauss an, ob man sich darauf einigen könne, dass in Schweizerhalle eine Katastrophe stattgefunden habe. Strauss bejaht. Im nächstfolgenden Votum vom Podium wird aber gleich wieder von „Ereignis" geredet. Empörung im Saal. Einsatzleiter Hans Suter sagt: „Unser Leben ist heute nicht ganz einfach." Der Schriftsteller Guido Bachmann springt ein nächstes Mal in die Runde dieses ersten öffentlichen Marktplatzes, auf dem sich die Offiziellen erstmals dem Volk präsentieren, und moniert frei nach Herbert Marcuse: „Ihre Sprache, meine Herren, ist obszön!" Grosser Applaus.

Auf dem Podium sitzen nur Männer.

Ein sogenannter „Chaot" spuckt Hans Winkler ins Gesicht, das Podium wird bestürmt; das Podium flieht. Nach zwei turbulenten Stunden wird eine erste öffentliche Konfrontation von Verantwortungsträgern und Betroffenen abgebrochen. Das Publikum zieht ratlos von dannen.

„Tages-Anzeiger", Zürich, 10. November: „Noch nie sind in Basel die Fronten so deutlich geworden. Sie werden unversöhnlich bleiben." Die „Basler AZ" titelt: „Kein Vertrauen mehr".

Sonntag, 9. November. Auf Initiative der SAP (Sozialistische Arbeiterpartei) trifft sich eine Arbeitsgruppe, darunter auch Vertreter von andern Linksparteien und Umweltorganisationen sowie Anti-AKW-Gruppierungen, um die Gründung einer „Aktion Selbstschutz" vorzubereiten. In einem Pressetext wird u.a. festgehalten: „Den Konsequenzen, die Behörden und Chemie aus dieser Katastrophe ziehen, trauen wir nicht. Wir werden sie selbst ziehen. Die Zukunft der Region Basel ist unsere Zukunft, und die werden wir in unsere Hände nehmen. (...) Wir, die Angst haben, die nicht noch einmal so eine Katastrophe erleben wollen. Wir, die keine Lust haben, am Arbeitsplatz vergiftet zu werden. Wir, die Kinder haben, die schwanger sind. Wir Fachkräfte und Studierenden. Wir alle werden zusammen eine Organisation bilden, die den tatsächlichen Hergang der Katastrophe untersuchen wird, die selbst Informationen über gefährliche Fabrikationen und Lagerung sammeln und veröffentlichen wird, die gesundheitliche Folgen aufdecken wird, die Alternativen aufzeigen wird. Kurz: Eine Organisation, die sich für eine lebenswerte Zukunft in Basel aktiv einsetzen wird."

Donnerstag, 12. November. Der Basler Gewerkschaftsbund lädt Marc Sieber, Informationschef der Sandoz, zu einem Gespräch ein. Die „Basler AZ" berichtet am 13. November:

„'Wir gehen mit dieser Welt um, als hätten wir eine zweite im Kofferraum' und 'Nur tote Fische schwimmen mit dem Strom'. Diese beiden Zitate schmückten den Sitzungsraum des Basler Gewerkschaftsbundes. Unter der Leitung von Kurt Walter diskutierten Marc Sieber, Informationschef der Sandoz, Hans Schäppi, GTCP-Zentralsekretär, Werner Tschudin, Chemielehrer, und die AZ-Redaktorin Toya Maissen.

Dass dabei die Fragen vor allem an Marc Sieber gingen, versteht sich von selbst. Er begann seine Stellungnahme mit einer Entschuldigung und vertrat auch die Meinung, dass der von der Sandoz gepflegte Informationsstil ganz gegen seine Linie gehe. Natürlich interessierte die Gewerkschafter, was die Firma Sandoz machen werde, wenn der Staat die Vorschriften massiv verschärft. Sieber, der selbst schärfere Vorschriften verlangte, meinte aber, dass die Firma Sandoz in einem Teufelskreis stecke. Denn Massnahmen im Unwelt- und Sicherheitsbereich verteuerten die Produkte 'gewaltig'. Dann aber sei die Sandoz im Welthandel 'draussen'."

Samstag, 15. November. Studenten der Musik-Akademie Basel formieren sich in schwarzbunter Trauerkleidung zu einem Trauerzug durch die Stadt. Sie spielen immer wieder einen kurzen Trauermarsch von Henry Purcell. Immer mehr Leute schliessen sich an. „Requiem für den Rhein", steht auf dem ersten Transparent. Die Demonstration ohne Megaphon findet ihren zwar tönenden, doch sprachlosen Höhepunkt beim „Käppelijoch", vor der Kapelle auf der historischen Mittleren Rheinbrücke. Vier Teilnehmer stehen auf der Estrade vor der Kapelle und schauen mit gefalteten Händen in die vier Himmelsrichtungen. Einer von ihnen bringt dann mit einem Stab – den er durch das Kapellengitter reicht – die Glocke zum Läuten. Die fünfhundert Leute, die auf der Brücke stehen und den Tramzügen für kurze Zeit den Weg versperren, sind tief betroffen. Noch kaum jemand hat in Basel die Brückenglocke läuten hören. (Assoziation: In einem Leserbrief tauchte die Frage auf, warum man in Basel am 1. November – als die Sirenen nur teilweise funktionierten – nicht die Kirchenglocken geläutet habe.)

Im Begräbnisschritt bewegt sich der Zug zum Museum für Gestaltung, wo Kulturschaffende zu einer Manifestation aufgerufen haben. Dem sprachlosen Ritual, das an die Urkraft von Fasnacht und Totentanz gemahnt, folgt nun das Wort.

Samstag, 15. November. Intellektuelle aus Basel haben zu einer Versammlung gerufen. Es äussern sich: Hans Ulrich Reck, Guido Bachmann, Kurt Meyer-Herzog, Wolfram Berger, Elisabeth Baumgartner, Monika Dillier, Gilli Stampa, Ursula Stingelin, Anna B. Wiesendanger, Anna Winteler, Martin Heller, Peter Suter, Hans Saner, René Regenass und Bazon Brock. Den Anfang macht Guido Bachmann. In einer flammenden Rede, die geradezu an Karl Kraus erinnert, geisselt er die öffentliche Sprachverdrängung – einmal mehr: „Ereignis" statt „Katastrophe". Bachmann verweist auf die Haltung der „Basler Zeitung", des Monopolblattes vor Ort, das zwar am Morgen des 1. November 40'000 Exemplare eines reisserischen „Extrablattes" verkaufte, dann aber höchst vorsichtig operierte, erst unter dem Druck der internationalen Öffentlichkeit kritischer wurde und schliesslich gleichwohl am 11. November, als wäre nichts geschehen, seinen Käufern und Abonnenten eine Werbebeilage für Luxusgüter mit dem Titel „Savoir vivre" servierte, in der aus der Feder von kulinarisch gestimmten PR-Journalisten unter anderem zu lesen stand: „Zu Beginn der achtziger Jahre wurde der Rhein wieder sauberer. Die Kläranlagen wirkten sich aus. Heute (...) haben wir wieder jeden Rheinfisch, ausser dem Lachs. Ihn versucht man nun wieder anzusiedeln. 1984 wurden die ersten Junglachse ausgesetzt. 1985 und 1986 folgten je wieder 50'000."

Bachmann reagiert in seiner Rede auf die Geschmacklosigkeit der Verhältnisse, die eben sind, wie sie sind. Keinem Verantwortlichen der „Basler Zeitung" wäre es eingefallen, zehn Tage nach der Verseuchung des Rheins die Werbebeilage „Savoir vivre" einzustampfen und sich etwas Verlust ans ökonomisch starke Bein zu streichen. „Man" hat in dieser Zeitung schlicht vergessen, dass eine neue PR-Kampagne läuft, die nun peinlich wirken könnte. Bachmann kommt hernach auf das Phänomen der Angst, der Emotion zu sprechen, die in Basel am „Tag danach" in den Medien zum Teil erfolgreich verdrängt und heruntergespielt wurde. Die Rede des Schriftstellers kulminiert unter grossem Applaus (gegen tausend Personen verfolgen sie) in den Sätzen: „Wer keine Angst hat, billigt AKW's; wer keine Angst hat, billigt das Militär; wer keine Angst hat, billigt Raketenstationierung; wer keine Angst hat, billigt SDI; wer keine Angst hat, billigt den Tag nach der Apokalypse."

Im Anschluss an Bachmanns Rede wird eine grimmig-bittere Satire des Schriftstellers Jürg Laederach verlesen: „Jubel, Trubel, Heiserkeit". Der Autor suggeriert darin, dass der neue FC Basel („Fässer-Club") seinen ersten Match gegen den FC Tschernobyl vorerst verloren habe. Laederach weilt an diesem Samstag im Ausland; seine Reaktion auf den Morgen des 1. November hat das Feuilleton der „Basler Zeitung", wo Laederach als Schreiber sonst sehr beliebt ist (zum Beispiel auch über die Affäre Österreich/Kurt Waldheim), abgelehnt. Der Text ist am 15. November im Zürcher „Tages-Anzeiger" erschienen.

Kurt Meyer-Herzog, Historiker und Gymnasiallehrer, weist auf die Verhaltensmöglichkeiten hin, die sich den Betroffenen der Region Basel – je nach Betroffenheits- oder Verdrängungsgrad – anbieten, und äussert tiefe Besorgnis, dass die nächste Basler Fasnacht das „Ereignis" vom 1. November mit ihrem allumfassenden Humor zum blossen Aberwitz verballhornen könnte. „Die Fasnacht", sagt Meyer-Herzog, „ist das Medium par excellence der Verdrängung und hat seit je den laufenden Schwachsinn rehabilitiert."

Der Schauspieler Wolfram Berger liest und spielt einen Text des bayerischen Kabarettisten Gerhard Polt, nach dem Motto: Wenn sich nur ein jeder selber gut verbunkert und zivilschützt, kann nichts passieren.

Dann melden sich Frauen aus der Basler Kunstszene zu Wort. (Zwei dieser Texte finden sich im Kapitel „Eines Morgens wachst du auf und alles ist anders".)

Samstagabend, 15. November. Nach der Veranstaltung im Gewerbemuseum beschliesst eine Gruppe von Basler Künstlerinnen und Künstlern spontan, im Rahmen der bevorstehenden Weihnachtsausstellung der Basler Künstler/innen in der Kunsthalle einen Akzent der Betroffenheit zu setzen. Die Idee, nach der Eröffnung der Ausstellung die eigenen Bilder abzuhängen, wird dann in einer ersten Versammlung verworfen. Von rund 35 Künstlerinnen und Künstlern wird folgende Aktion beschlossen: Im ersten Ausstellungssaal der Kunsthalle sollen keine Bilder hängen, sondern soll der Tisch aufgestellt werden, an welchen der Kunsthalle-Leiter Jean-Christophe Ammann 1985 die Künstler Joseph Beuys, Enzo Cucchi, Anselm Kiefer und Jannis Kounellis zu einem langen Gespräch über „die kulturgeschichtliche Tragik unseres europäischen Kontinents" geladen hatte (der Parkett-Verlag hat das Gespräch unter dem Titel „Ein Gespräch/Una Discussione" in Buchform dokumentiert); auf dem Tisch sollen ausgesuchte Publikationen über unsere Risikogesellschaft ausgebreitet werden; gleichzeitig soll in diesem Raum die Videoaufzeichnung der Veranstaltung im Gewerbemuseum abgespielt und in einer Dia-Show die Plakataktion vom 8. November dokumentiert werden (die Plakate sind unterdessen entfernt).

Im Verlauf der Tage vom 17. bis 21. November macht die Jury der Ausstellung geltend, dass der Entscheid, einen Raum abzutreten, nicht in ihre Kompetenz fällt. Jean-Christophe Ammann orientiert Kunstvereinspräsident Max Schmid, der im Videoband zunächst Schnitte verlangt (er stört sich an heftigen Passagen von Guido Bachmanns Rede, die gegen „Basler Zeitung" und Chemieverantwortliche gerichtet sind). Schmid erklärt den Künstlerinnen und Künstlern, dass der Kunstverein auch von der Chemie alimentiert sei. Die Künstlerinnen und Künstler erwägen, ihre Bilder von der Ausstellung zurückzuziehen. Schliesslich billigt Schmid das permanente Abspielen des integralen Videobandes, will aber nur den Kassenraum der Kunsthalle dafür zur Verfügung stellen; der erste Ausstellungssaal werde für die Weihnachtsausstellung gebraucht; damit entfällt auch die Installation mit dem Tisch von Ammanns Künstlergespräch. Die Basler Künstlerinnen und Künstler sollen aber im Verlauf der Weihnachtsausstellung in den Räumen der Kunsthalle zwei autonome Veranstaltungen durchführen können.

Sonntag, 16. November. Im Bernoullianum wohnen rund 800 Personen der Gründung der „Aktion Selbstschutz" bei. „Basler AZ" vom 18. November:

„Neben Aufrufen zu unmittelbaren Aktionen auf der Strasse, Steuerboykotten, Zivilschutzverweigerung und zum Zurückschikken von Sandoz-Medikamenten formierten sich Arbeitsgruppen, die mittelbar oder unmittelbar mit der chemischen Industrie in Beziehung stehen: Vermehrte Kontrolle der chemischen Industrie und der Transporte, Alternativen zur Chemie und für die in der Chemie Beschäftigten bis zum Vorschlag 'Chemie abschaffen' sind nur ein Bereich, in dem die 'Aktion Selbstschutz' zu diskutieren und zu arbeiten gedenkt. Weitere Gruppen möchten sich vor allem mit den Problemen im medizinischen Bereich, Frauen- und Elternproblemen und vermehrter internationaler Zusammenarbeit, etwa mit deutschen Grünen, beschäftigen. Für die strafrechtliche Verfolgung der Verantwortlichen formierte sich eine Juristengruppe.

Die Katastrophe vom 1. November sei eine Chance, betonte ein Sprecher, endlich geographisch wie wirtschaftspolitisch weiter zu denken. In den Ländern der Dritten Welt schädigten Chemie und multinationale Konzerne die Umwelt nicht erst seit der Sandoz-Katastrophe. Flüchtlingsmigrationen würden durch dieselben skrupellosen Interessen gespeist und verursacht."

Zahlreiche Arbeitsgruppen werden gebildet, zu denen das Sekretariat der „Aktion Selbstschutz" (Tel. 061 32 18 94) die Kontakte vermitteln will.

Mittwoch, 19. November. Im Gratisanzeiger „Baslerstab" erlässt eine AKTION DANACH (Aktion Basel grün statt grau/Schweiz. Gesellschaft für biolog. Landbau) per Inserat einen Aufruf mit folgendem Text:

„Wir wollen uns wehren

für unsere Gesundheit, für unsere Kinder, für Tiere und Pflanzen. Die Katastrophe von Schweizerhalle hat gezeigt, dass wir selbst für den Schutz unserer Gesundheit sorgen müssen.

Die Mehrheit der Regierungsräte in BL und BS sind derart abhängig von den Chemiekonzernen oder derart chemiegläubig, dass sie bisher eine wirksame Kontrolle der Chemie-Firmen verhindert haben.

Unsere Angst und unsere Wut dürfen nicht sinnlos verpuffen. Wir müssen uns zusammenschliessen und durchsetzen:

1. Dass unabhängige Chemiker, Toxikologen, Ärzte und weitere Fachleute in alle notwendigen Akten Einsicht erhalten, damit wir offen und ehrlich informiert werden und daraus Konsequenzen ziehen können.

2. Wir müssen unsere Kräfte einsetzen, dass die chemische Industrie auf die Herstellung und den Vertrieb von hochgiftigen Substanzen in der Agrochemie und im Bereich Farben verzichtet und ökologisch verantwortbare Substanzen fördert." (Kontaktadresse: AKTION DANACH, Postfach, 4125 Riehen 1)

Donnerstag, 20. November. Aufruf zu einer Demonstration, nachdem am frühen Morgen in Schweizerhalle – diesmal bei Ciba-Geigy – eine stinkende Phenol-Wolke entwich und sich über der ganzen Region verbreitete, sodass erneut am Radio Warnungen durchgegeben werden mussten. Der Aufruf stösst auf geringen Widerhall.

Donnerstag, 20. November. Vor der regulären Abonnements-Aufführung des Stückes „König Mensch", das auf altenglischen „morality plays" beruht (Idee und Regie: David Mouchtar-Samorai), verliest Jürgen Stössinger im Namen des Basler Schauspiel-Ensembles einen „Offenen Brief an die Sandoz", worin unter anderem steht:

„Wir haben Angst vor den Folgen dieser Katastrophen und vor weiteren Unfällen dieser Art. Wir wehren uns gegen eine Industrie, die eine Eigendynamik entwickelt hat, die das zumutbare Mass längst überschritten hat.

Den fadenscheinigen Beschwichtigungen der Chemie können wir, angesichts der Rhein-Wasservergiftung, keinen Glauben schenken. Ihre Wortspiele, *Chemie-Katastrophe* durch *Chemie-Ereignis, Giftwolke* durch *Chemiewolke* auszutauschen, sind für uns plumpe Versuche zur Irreführung der Bevölkerung.

Wir sind uns bewusst, dass es u.a. auch die chemischen Industrien sind, die in diesem Land einen hohen Wohlstand ermöglichen. Nur: einen Wohlstand, der die natürlichen Lebensgrundlagen zerstört, lehnen wir ab.

Wir fordern von Ihnen ein Umdenken. Das heisst: die ausschliessliche Herstellung umweltverträglicher, umweltfreundlicher Produkte, hier und überall."

„Nordschweiz", 22. November: „Ein Zuschauer gab durch lautstarke Zwischenrufe zu verstehen, dass er sich als zahlender Theatergast die Belehrungen der Schauspieler nicht gefallen lasse. Darauf brach für einen Moment ein lautstarkes Pfeif- und Klatschkonzert los, in dem schliesslich diejenigen, die klatschend die Aktion der Schauspieler unterstützten, deutlich die Oberhand behielten."

Freitag, 21. November. Unter dem Titel „Basel also: am Ende" erscheint in der „Zeit" ein Text des Basler Schriftstellers Jürg Laederach, der so beginnt:

„Basel vorher: eine ungeheuerlich reiche, ziemlich selbstbewusste, mit Millionenbeträgen ihre Hausfassaden längs des Rheins verschönernde, propere schweizer-deutsche Stadt, früh industrialisiert, politisch achtbar liberal, einig im Kampf gegen ein klugerweise neben ihr projektiertes Atomkraftwerk. Die Herren der Chemie zwanglos unter den Bürgern, im Restaurant, essen Forelle.

Basel nachher: ein ungeheuer reicher, über Nacht versengter, rauchender, nach Mercaptanen stinkender After. Gleich hinter den properen Häusern liegt der grösste Schweinekram Europas, verwaltet von Herren, die sich von diesem Tier kaum unterscheiden – politisches System zusammengebrochen, Regierung auf Tauchstation (elf Tage nach dem Brand, wir schreiben den vierten Skandal), Stadt-Parlament handlungsunfähig (beruft sich selbst auf Ende November ein, der Brand war am 1. November)."

Samstag, 22. November. Eine Gruppe „Chemische Reinigung" ruft zu folgender Aktion auf: Vom 24. bis 30. November sollen eine oder mehrere Personen täglich von 18.00 bis 18.30 Uhr mit einem Licht, einem „Sandwich"-Plakat oder anderen Erkennungszeichen in verschiedenen Quartieren immer die gleiche Strasse hinauf- und hinuntergehen. Eine Frauengruppe mit Kindern, die sich zwischen Allschwilerplatz und Brausebad an der Aktion beteiligt, macht dabei unterschiedliche Erfahrungen. Zum Beispiel sagt eine alte Frau: „Ich wünsche euch viel Erfolg. Wenn ich mehr Mut hätte, würde ich auch mitmachen." Andere Passanten fühlen sich provoziert, vor allem auch, weil Mütter ihre Kinder an der Aktion beteiligen. Ein

Mann langt einer Frau auf den geschminkten Mund und sagt: „Lippenstift ist auch Chemie, fang bei dir selber an, du Sau!"

Montag, 24. November. An der Versammlung von Künstlerinnen und Künstlern zum Thema Weihnachtsausstellung (vgl. 15. November) weist Claudia Roth auf die Aktion „Basel, 1 Monat danach – eine Stadt erinnert sich" hin. Sie bringt ein Flugblatt mit folgendem Text mit:

„Schweizerhalle darf nicht zu den Akten gelegt werden, weder von den Mächtigen von Industrie und Staat, noch von *uns allen*! Deshalb: Hängt alle in der Nacht vom 30. November auf den 1. Dezember ein *schwarzes Tuch* aus dem (geschlossenen) Fenster!

Eine stille Demonstration der Betroffenheit:

MEMENTO AM 1.!

Diese Aktion soll jeden Monat wiederholt werden, bis die gesetzlichen Grundlagen geschaffen und die entsprechenden Massnahmen getroffen sind, damit sich solche Katastrophen nicht wiederholen können."

Dienstagabend, 25. November. Erst heute wird mir auf meinem täglichen abendlichen Heimweg über die Johanniterbrücke bewusst, dass die riesige weisse Leuchtschrift SANDOZ am Sandoz-Hochhaus dunkel bleibt. Ist mir das nicht schon letzte Woche aufgefallen? Und hat sie zwischendurch denn nicht auch wieder geleuchtet? Wackelkontakt? Oder Dezenz? Oder Dezenz mit Wakkelkontakt? Einsam leuchtet am andern Rheinufer CIBA-GEIGY.

Donnerstag, 27. November. Während eines „Aktionsnachmittags" verteilen verschiedene Linksparteien Informationsmaterial zur Abstimmung vom 7. Dezember über den Bau der Nordtangente, des Autobahnanschlusses an die französische A 35. Das Milliardenprojekt mit lauter Kunstbauten, das durch dichtbesiedelte Quartiere führt, gilt bei der Linken als Technokraten-Gigantismus, der den privaten Verkehr zusätzlich fördert. Bürgerliche Kreise sprechen von Verkehrsberuhigung in Wohnquartieren, von „vernünftiger Stadtentwicklung" und der staatsvertraglichen Verpflichtung, die der Bund mit Frankreich verkehrspolitisch eingegangen sei.

Um 17.30 Uhr versammeln sich gegen 1000 Personen auf dem Marktplatz, um gegen „Schweizerhalle" zu demonstrieren. Als Gastredner erklärt Dieter Stürmer, Abgeordneter der Grünen im Baden-Württembergischen Landtag: „Die Region muss das Herz eines neuen, eines ökologischen Europas bilden." Drei Basler Nationalrätinnen und -räte (Helmut Hubacher, SP, Hansjörg Weder, LdU, Anita Fetz, Poch) sprechen sich gegen die Nordtangente aus.

Kulturmeldung aus dem Gratisanzeiger „Doppelstab", 27. November: „Mit Traumbildern aus der heimlichen US-Metropole New York überraschte Gunter Sachs die Basler. Zusammen mit dem Basler Top-Fotografen Onorio Mansutti präsentierte er den neuen BALAIR-Kalender. Die Photo-Galerie 1 an der Kleinbasler Webergasse platzte aus allen Nähten. Rund 300 Vernissagegäste zwängten sich rund um Sachs zwischen die Fotowerke."

Mittlerweile ist auch der SANDOZ-Kalender für 1987 eingetroffen. Mit zwölf Farbbildern wirbt er in aller Welt für eine Schweiz, die aus lauter Landschaftsidyllen besteht.

Donnerstagabend, 27. November. „Wie weiter am Rhein?" heisst eine Sondersendung des Fernsehens DRS. Politiker, Experten und andere Verantwortliche werden im Studio Zürich mit Filmdokumenten konfrontiert, aber auch mit Bürgerinnen und Bürgern aus Basel, die das Fernsehen ins Basler Rathaus bestellte, wo das Parlament eben eine Sondersitzung zum Thema „Schweizerhalle" abgehalten hat. Das Studiogespräch – geschmacklos werden die Gäste statt an Tische an rote Fässer gesetzt – und die Filmdokumente beanspruchen die meiste Sendezeit von zwei Stunden und zehn Minuten.

Auf der Anklagebank Sandoz sitzt – nach den Herren Winkler, Sigg, Sieber, Fasel, Schelling, Moret und wie sie alle heissen, die nun schon aufgetreten sind – diesmal Rolf Schweizer, Mitglied der Konzernleitung. Erneut hört auch er sich Vorwürfe wie „kriminell" und dergleichen an und soll sich zum Umsteigen auf eine „sanfte Chemie" äussern. Schweizer zeigt Schuldbewusstsein, äussert sich sonst aber weitgehend so: „Dazu kann ich nichts sagen, das ist Sache der Untersuchungen und der Richter." Warum, frage ich mich, sitzt denn nicht zur Abwechslung einmal ein Herr von Ciba-Geigy da, die weit mehr Agrochemikalien produziert als Sandoz. Ist das Fernsehen – 27 Tage nach der Katastrophe – erst gar nicht auf diese Idee gekommen? Oder ist die Sandoz-Konkurrenz klammheimlich froh, dass es „den andern" passiert ist und lässt sie ihre Kumpel das Gift alleine ausbaden?

Regierungsrat Markus van Baerle (Baselland) redet deutliche Worte von „mehr Kontrolle", vom Ende der reinen Selbstverantwortung und Selbstkontrolle der Chemie. Wie es aber konkret weitergehen soll am Rhein, bleibt offen. Der Podiumsvertreter von „Greenpeace" weist darauf hin, dass seine Umweltorganisation schon mit bescheidenen Mitteln in der Lage ist, Kontrollen durchzuführen. Ein deutsches Filmdokument über „Greenpeace"-Aktionen auf dem Rhein belegt, dass da gelegentlich sehr viel Polizei unterwegs ist, aber nicht, um Industrieabwässer, sondern um die Umweltschützer zu kontrollieren. Ein anderes Filmdokument zeigt die tägliche Katastrophe, die der Rhein – ganz abgesehen von „Ereignissen" wie Schweizerhalle – zu ertragen hat: „20 Prozent der Chemiefabriken der westlichen Welt liegen am Rhein und werden dort entwässert" – nebst allem übrigen, was täglich in diesen „natürlichen" Abwasserkanal geht, aus dem 20 Millionen Menschen ihr Trinkwasser beziehen (vgl. Tabelle auf S. 114).

Solche Aufklärung und die gefassten Reaktionen der Experten gehen an die Nieren. Die Moderatorin im Basler Rathaus setzt sich vehement dafür ein, dass nun die Bevölkerung reden darf: ein ausgewogener Publikumsdurchschnitt. Es manifestieren sich – 27 Tage nach dem Unglück – Betroffenheit und Wut; eine Betroffenheit, die weit über das „Ereignis" von Schweizerhalle hinausgeht; auf dem Podium wird zugegeben, dass das Problem nicht die leicht abbaubaren Stoffe sind, um die man sich in den letzten Jahren vordringlich gekümmert hat. Viel gravierender sind die schwer abbaubaren Stoffe, die jährlich immer noch tonnenweise in den Rhein fliessen. Zum ersten Mal beschleicht mich ein furchtbarer Verdacht: Wenn die Experten und Verantwortlichen geahnt hätten, was dies alles nach sich zieht, dann hätten sie in der Nacht auf den 1. November vielleicht keinen Chemiealarm durchgegeben. Sie alarmierten ja vor allem, weil es stank.

Wie den kurzen Ausschnitten aus dem Basler Rathaus zu entnehmen ist, kocht die Stimmung noch immer – oder aufs neue. Eine Frau erklärt, dass Gentechnologie als Alternative zur Agrochemie nicht eben ihr Vertrauen fördert. Ein Sandoz-Mitarbeiter wirft die Frage auf, wie der Konzern in seiner Hauszeitung schreiben könne, die Belegschaft erkläre sich solidarisch mit dem Unternehmen, wenn die Belegschaft doch gar nicht gefragt worden sei.

Freitag, 28. November. Nicht nur die Basler, sondern die gesamte Schweizer Presse meldet heute in ähnlichen Worten wie die „Nordschweiz": „Der Gesundheitszustand des Schweizer Waldes hat sich 1986 dramatisch verschlechtert. Nun ist bereits jeder zweite Baum geschädigt. Das geht aus dem jüngsten Sanasilva-Waldschadenbericht hervor, der gestern in Bern veröffentlicht wurde."

Ein Leserbriefschreiber meint in derselben Ausgabe: „Für die Sicherheit bezahlt die Basler Chemie derzeit jährlich über 100 Millionen Franken. Trotzdem hört, liest und sieht man heute nur Worte wie: Wut im Bauch, Ohnmacht, Angst, Trauer, Hilflosigkeit, Chemiebarone, Profitgier ohne Sicherheitsdenken etc. (...) Nach der emotionalen Aufheizung durch unsere Medien ist man am Schluss tatsächlich wütend, hilflos und ohnmächtig, aber nicht primär gegenüber der Chemie, sondern gegenüber der Presse, dem Radio und dem Fernsehen, die in diesem Falle weitaus mächtiger und giftiger wirken als die ganze Basler Chemie."

Die Universität hält ihre 526. Jahresfeier ab, den „Dies academicus". „Basler Zeitung", 29. November: „Den gewohnten Verlauf nahmen sowohl die offizielle Jahresfeier in der Martinskirche wie das anschliessende Bankett im Stadtcasino. Immerhin bekundete dort Regierungsratspräsident Striebel 'Mühe, den sonst üblichen heiteren Ton zu finden'. Nach der Katastrophe vom 1. November 'müssen wir dafür sorgen, dass sich das Vergangene nicht wiederholt, und verhindern, dass aus Risiken Katastrophen werden'. (...) Neben einem Ort der Lehre und Forschung sei die Universität auch eine Stätte der Besinnung, hier könne in allen Fakultäten über das 'richtige Leben' im Einklang mit der Natur nachgedacht werden."

Weiter unten, im selben Bericht: „Gehalten wurde auch die traditionelle Rede auf das Fass, und zwar vom neuesten Mitglied der Akademischen Zunft, Paul Boerlin, der sich kunsthistorisch dem Wesen des unsichtbaren Fasses näherte. Dabei spielte er mit zweifelhaftem Humor auch auf die Chemiekatastrophe an."

Freitag, 28. November. Eine lose Gruppe „Bürger für ein anderes Basel" beginnt Unterschriften und Geld für ein ganzseitiges Inserat zu sammeln, das noch vor Weihnachten in der „Basler Zeitung", in der „Basler AZ" und in der „Nordschweiz" erscheinen soll. Als einziger Text ist auf sonst leerem Raum vorgesehen:

„Unser Vertrauen
in die Chemie
ist tot wie der Rhein.
Wir denken um."

Darunter: Unterschriftenliste.

Samstag, 29. November, 14.00 bis 16.00 Uhr. Die Gruppe „Life boat" – eine spontan entstandene „Gruppe von Freunden" – macht einen kleinen Kahn bei der Mittleren Rheinbrücke fest, der ein symbolisches Floss mit einem Sarg trägt. „Der Rhein ist tot – der Rhein soll wieder leben!" Die Aktion wird von einem Trommelkonzert auf leeren Fässern begleitet. Die Gruppe „Live boat" will später einen Anlegeplatz mieten und ein grösseres Schiff vertäuen, das ein „unabhängiges Zentrum für alle Menschen und Gruppen, die für die Wiederbelebung des Rheins arbeiten" und eine „Plattform für Aktionen im Kampf um ein ökologisches Gleichgewicht" werden soll. Das Schiff soll solange vor Anker bleiben, bis der Rhein wieder so belebt ist wie vor der Katastrophe. Die Bürgerinitiative „Life boat" („Wir machen so etwas zum ersten Mal in unserem Leben") will mit dieser Aktion auch ihrer Sorge Ausdruck geben, dass „die jetzt geweckte engagierte Sensibilität" in der Region wieder von einem Ohnmachtsgefühl überlagert werden könnte. Sie schreibt, ein besonderes Problem ökologischer Zerstörungen sei, „dass sie grossenteils als chronische Prozesse sehr langsam verlaufen und nur ganz kleine Veränderungen je Zeiteinheit mit sich bringen" und dass sie „physikalische und chemische Effekte produzieren, die vom Menschen nicht direkt wahrgenommen werden können (Beispiel: Atomstrahlen)".

Samstag, 29. November, 16.00 Uhr. Die Kirchen von Basel-Stadt rufen unter dem Motto „Beten für die Stadt" zu einem ökumenischen Gottesdienst in die Elisabethenkirche (das Münster ist nicht verfügbar). Am Vorabend des 1. Adventes ist die Kirche bis auf die letzte Nische besetzt. Der evangelische Kirchenrat schreibt in seiner Ankündigung des Gottesdienstes: „Wir sehen 'Schuld' ein, bekennen sie und 'wollen umkehren'. Damit ist das umschrieben, was mit dem alten Wort 'Busse' bezeichnet wird." Die Pressemitteilung der römisch-katholischen Kirche zitiert den Propheten Jeremia (Jer. 8, 6.7): „Jeder rennt auf seinem Irrweg weiter wie ein Pferd, das sich in die Schlacht stürzt. Alle Zugvögel halten sich an die Zeiten, die ich ihnen bestimmt habe."

Die Kirchgänger/innen werden im Verlauf des Gottesdienstes aufgerufen, im stillen mit sich selber auszumachen, inwiefern auch sie Schuld an Umweltkatastrophen tragen und zu einer Umkehr beitragen könnten. Die Kollekte dient der Neuaufzucht von Fischen für den Rhein. Pressemitteilung der römisch-katholischen Kirche: „Die Gottesdienstbesucher werden eingeladen, an der Osterkerze ein Licht anzuzünden und es im Rahmen des Trauermarsches der Aktion Selbstschutz in die Stadt hineinzutragen."

Samstag, 29. November, 16.30 Uhr. Trauerzug von gegen 1000 Personen mit Kerzen und Windlichtern durch die Innenstadt, in der ab 17.00 Uhr auch der traditionelle „Stadtlauf" stattfindet. Musiker spielen Renaissance-Klänge aus der Liedersammlung von Tilman Susato, das „Moorsoldaten"-Lied und „We shall overcome". Das Bild der Stadt kurz vor 19.00 Uhr: Auf dem Marktplatz gehen Hobby-Sportler als Trimm-dich-Läufer ins Ziel, viel Betrieb und Werbung. Vor dem Käppelijoch auf der Mittleren Brücke brennen nun in stiller Einsamkeit rund hundert Kerzen. Von den Kandelabern der Brücke hängt Trauerflor. Längs des Rheins, bis zur Johanniterbrücke, immer wieder einsame Kerzenlichter. Auf dem Rheinweg steht mit Kreide geschrieben: „Mein Freund, der Rhein, ist tot."

Samstag, 29. November. An der Eröffnung der Weihnachtsausstellung kündigt Jury-Mitglied Werner von Mutzenbacher an, dass die Basler Künstler/innen am 20. Dezember zur Veranstaltung „Von 12 bis 12: Kunst & Katastrophe" in die Kunsthalle einladen. Von Mittag bis Mitternacht sollen an diesem Tag im Stundenrhythmus „Darbietungen, Performances, Vorträge, Diskussionen, Lesungen, Aktionen, Film und Musik" stattfinden. „12 Stunden Gedächtnisübung" lautet das Motto: „Die Katastrophe und die noch folgenden 'Ereignisse' sollen dem kollektiven Gedächtnisschwund entrissen werden." Weiter heisst es in der Ankündigung dieses „Projektes der

Basler Kunstschaffenden", das ein spezieller Beitrag zur Weihnachtsausstellung sein will: „Neben Äusserungen der direkten Betroffenheit – tägliche Anlässe gibt es genügend – und neben Podiumsdiskussionen und Referaten soll den Hintergründen und Verflechtungen der *permanenten* Katastrophe nachgegangen werden."

Samstag, 29. November. „Blick" publiziert Auszüge aus Schüleraufsätzen der Klasse 2a des Basler Hirzbrunnen-Schulhauses und Gedichte von Basler Jugendlichen, die im Collège Saint-Charles in Porrentruy an einem „Cours de langue" teilnahmen. Auszüge aus Texten von zwei Siebzehnjährigen:

„Ich gehe. / Neben mir der Rhein. / Das Ufer ist schwarz. / Die Technik hat's gemacht. / Jetzt ist die Böschung durch das Wasser verbrannt. / Ich gehe. / Neben mir der Rhein. / Ich bin still. / Sie haben's geschafft. / Jetzt geh ich fort."

„Wir sind noch einmal davongekommen. / Aber, war es wirklich so harmlos? / War es eine blosse Belästigung? / Wir haben Angst. / Angst vor weiteren Novembermorgen. / Angst vor dem Morgen."

Sonntag, 30. November, 11.30 Uhr. Rund 150 Personen treffen sich in der Kulturwerkstatt Kaserne zu einer Podiumsdiskussion „30 Tage danach", die Schüler/innen organisiert haben. Auf dem Podium sprechen Jürgen von Tomei (SP), Florianne Koechlin (POB), Martin Vosseler (Vereinigung „Ärzte für soziale Verantwortung"), eine Vertreterin der Zürcher Bellevue-Apotheke, die seit dem 1. November Sandoz-Produkte boykottiert, ein Schüler und der Journalist Fred Lauener als Gesprächsleiter. Von der chemischen Industrie, die ebenfalls aufs Podium geladen wurde, erscheint niemand. Der Saal ist schwarz ausgekleidet. Zur Diskussion steht vor allem: Was ist bis jetzt unternommen worden, was kann man weiterhin tun? Es ergehen Appelle, sich weiterhin zu engagieren für ein neues Bewusstsein gegenüber unserer Umwelt und konsequent zu handeln.

Sonntag, 30. November, 18.00 Uhr. Rund 300 Personen, die sich an der Aktion „Chemische Reinigung" beteiligt haben (vgl. 22. November), versammeln sich mit Fackeln, Transparenten und „Sandwich"-Plakaten auf dem Marktplatz. Unter anderem werden umgedichtete Kinderlieder gesungen, zum Beispiel: „Schloof, Bürger, schloof ...". Die zweite Strophe lautet:

Träum, Bürger, träum,
vo tote Fisch und Bäum ...
Falls ufwachsch, rede mir dir y
s'sig alles nur e Träumli gsi ...

Nacht vom 30. November auf den 1. Dezember. Zahlreiche Haushalte sind dem Aufruf vom 24. November gefolgt und hängen schwarze Tücher aus ihren Fenstern. Da hängen diese teilweise noch in den ersten Stunden des 2. Dezember. Es ist etwas hängen geblieben.

TSCHERNOBÂLE
IST ÜBER-AAL
Hg
P
N
Hg
GAGAK

SANDOZ
HERR, VERGIB IHNEN NICHT, DENN SIE WISSEN WAS SIE TUN!

MORGEN WIR
STILL
100 JOHR
GMEINSAM
DUR
GIFT und
GWINN
SANDOZ

SCHÖNES BASEL
BEAU BÂLE
BO - PHAL
Aktion JA zu Basel

Nur die Tiere?

UNS STINK

SCHON
EUER PROFIT STINKT
ZUM HIMMEL
$

Schweiz
ZANDER

GASMASKEN!
statt
PAUSENÄPFEL!

SANDOZ
100 Jahre für ein Leben mit
ZUKUNFT

wollen nicht
die Fische
dem Rücken
schwimmen

REQUIEM
FÜR DEN RHEIN

Bestandesaufnahmen

„'Ein Unglück kommt selten allein'. Dieser Ausspruch war natürlich auch nach der neusten Panne bei Ciba-Geigy in Schweizerhalle auch an allen Börsen häufig zu hören. Der Kursschaden blieb jedoch auf Chemiewerte begrenzt und ging selbst bei ihnen nicht mehr allzu tief. Sonst zeigte sich der Mark in zunehmend freundlicher Verfassung."

„Basler Zeitung", 22.11.1986

Fischer aus der Region Mülhausen (F) haben an einer Rheinbrücke einen Blumenstrauss niedergelegt.

Linda Stibler

Wie tot ist der Rhein?

Warten und hoffen

Das volle Ausmass der Tragödie, die sich im Rhein abspielte, zeichnete sich erst ab, als die Menschen sich vom ersten Schock zu erholen begannen. Am Samstag, 1. November 1986, gegen Mittag, starben die Fische. Fischer hatten sie zusammengetragen und sie der Presse als Beweis vorgeführt. Hatten doch am frühen Vormittag Sandoz-Sprecher behauptet, es sei nichts zu befürchten; mit dem Löschwasser sei lediglich Farbstoff – roter Markierungsstoff – in den Rhein gelangt.

Es waren vor allem Aeschen, die am Ufer aufgeschichtet waren. Die Aesche ist eine besonders empfindliche Fischart, die einen hohen Sauerstoffbedarf hat. Vielleicht – so hoffte man noch am Samstag – blieben sie die einzigen Opfer. Doch am Sonntag, 2. November, fand man die ersten vergifteten Aale. Im Gegensatz zur Aesche gehört der Aal zu den widerstandsfähigsten Fischarten. Er ist genügsam und kann sich auch in schmutzigem Wasser aufhalten. Zu Tausenden hat man die toten Aale aus dem Rhein gesammelt. Und schlimmer noch: Die Giftwelle, die rheinabwärts trieb, tötete die Fische – vorab die Aale – überall. Erst kurz vor der holländischen Grenze hörte das grosse Sterben auf.

Täglich trafen neue Hiobsbotschaften ein. Inzwischen hatten Fischer und Gewässerschutzleute die Ufer erfolglos nach Überlebenden abgesucht. Und was man von allem Anfang an befürchten musste und trotzdem zu verdrängen versuchte, bestätigte sich am Dienstag, 4. November: Der Rhein war ökologisch tot!

Am Mittwoch, 5. November, erhielt ich einen Anruf von einer Frau. Sie sagte: „Der Rhein ist tot – so steht es in der Zeitung. Aber was bedeutet das? Wie erkläre ich es meinem dreizehnjährigen Sohn? Wird er nie mehr im Rhein baden können? Wird kein Fisch mehr darin schwimmen? Werden keine Milane über dem Wasser mehr kreisen? Ich bin verzweifelt ..."

Diese Äusserung war keineswegs übertrieben. Die Nachricht vom toten Rhein machte viele Leute fassungslos. Das ist kaum verwunderlich, denn Menschen, die an einem Gewässer leben, haben auch eine besondere Beziehung dazu. In den letzten Jahren erlebte das Rheinschwimmen eine eigentliche Renaissance. In Basel war man besonders stolz darauf, dass sich der Rhein nach Jahren der intensiven Pflege und vor allem dank den Gewässerschutzmassnahmen der oberen Anliegerkantone und -gemeinden soweit erholt hatte, dass es spürbar, sichtbar und messbar wurde. Die Eidgenössische Anstalt für Wasserwirtschaft, Abwasser und Gewässerschutz EAWAG hat im Jahre 1982 eine Untersuchung durchgeführt, die zeigte, dass der Rhein hier – im Vergleich zu Flüssen in anderen Industriegebieten – noch verhältnismässig gut dastand. Vor allem waren die hohen Quecksilberbelastungen zurückgegangen.

Was gelangte in den Rhein?

Nach dem Brand war es aufgrund der ersten von Sandoz veröffentlichten Angaben, was in Schweizerhalle verbrannte, kaum möglich, sich ein klares Bild darüber zu machen, welchen Schaden möglicherweise das Löschwasser angerichtet hatte. Natürlich war die Rotverfärbung nicht das eigentliche Problem. Aber mit Markierungsstoff markiert man etwas – zum Beispiel die gefährlichen Stoffe, die nicht ins Wasser gelangen sollten!

In Schweizerhalle sind nach ersten Angaben ca. 1000 und nach späteren Angaben 1300–1500 Tonnen Chemikalien verbrannt. Ca. drei bis zehn Prozent davon – auch hier gibt es nur Schätzungen – gerieten ins Löschwasser, und eine grosse Menge dieses Löschwassers gelangte in den Rhein, weil es unter der Lagerstätte keine Auffangbecken gab (bei der grossen Wassermenge, die bei diesem Brand aufgebracht werden musste, wäre auch eine riesige Wanne überlaufen).

Erst am Montag, 3. November, legte die Sandoz die Liste jener Stoffe vor, die möglicherweise in den Rhein gelangt waren. Und beinahe wie Hohn klang am Mittwoch, 5. November, jene Meldung, nach der auch bei Ciba-Geigy bei einem Unfall chemische Stoffe den Rhein verschmutzt hatten. Diese Stoffe wurden von deutschen Gewässerschutzstellen bei ersten Messungen gefunden. Anhand der Liste, die Sandoz veröffentlicht hatte, stand fest, dass das Atrazin nicht von Sandoz stammen konnte. Erst jetzt gab Ciba-Geigy zu, dass „nur vier Stunden vor dem Sandozbrand" in ihrem Werk in Schweizerhalle 400 Kilogramm Atrazin – ein Herbizid – irrtümlicherweise in den Rhein geflossen seien.

Der Rhein wurde also praktisch mit der ganzen Palette der sogenannten Pflanzenschutzmittel – Herbizide, Insektizide, Fungizide – verschmutzt. Den grössten Teil bildete die Gruppe der Insektizide, die fast ausschliesslich Phoshorsäure-Ester-Präparate der Giftklasse 2 und 3 waren. Die Wirkung dieser Stoffe ist bekannt. Sie sind in zu hoher Dosierung für Mensch und Tier toxisch. Fische reagieren besonders empfindlich auf diese Gifte.

Mit grosser Wahrscheinlichkeit sind jedoch die fischgiftigen Phosphorsäure-Ester für den Tod der Fische und der Kleintiere im Rhein verantwortlich. Nur kleinere Mengen von Herbiziden waren bei Sandoz gelagert. Sie summierten sich allerdings zu dem bei Ciba-Geigy ausgelaufenen Atrazin. Ciba-Geigy hat in ihrem Communiqué betont, dass diese Gifte für Fische ungefährlich seien; verschwiegen hat sie, dass viele Pflanzen hochempfindlich darauf reagieren. Es muss also angenommen werden, dass die pflanzlichen Organismen im Rhein durch diese Stoffe betroffen wurden. Die Algen und Wasserpflanzen stehen am Anfang der Nahrungskette. Von ihnen ernähren sich viele Kleinlebewesen. Allerdings hat es in den meisten verschmutzten (und deshalb überdüngten) Gewässern ohnehin zu viele Nährstoffe, sodass dieser Schaden möglicherweise vernachlässigbar ist.

Die Fungizide jedoch enthielten Quecksilber. Bekanntlich ist Quecksilber nicht abbaubar. In gelöster Form bleibt seine Giftigkeit bestehen. Wird es über längere Zeit in gewissen Dosen – zum Beispiel mit dem Trinkwasser oder der Nahrung – aufgenommen, so kann es bei Tier und Mensch zu irreparablen Dauerschäden führen, zum Beispiel Störungen des Nervensystems. In Japan wurden derartige Vergiftungsfälle, die durch ungeklärte quecksilberhaltige Fabrikabwässer verursacht wurden, erstmals bekannt.

Unterschiedliche Wirkung

Einige der toten Fische wurden unverzüglich zur Untersuchung ins Tierspital Bern geschickt. Man erhoffte sich davon mehr Aufschluss über die Todesursache und damit über die Gefährlichkeit der Verschmutzung. Der Tierarzt Willy Meyer, Leiter der Abteilung für Tierkrankheiten, hat diese Untersuchungen durchgeführt. Er glaubt, dass die Aeschen vor allem an akutem Sauerstoffmangel zugrundegegangen sind. Möglicherweise gelangten sauerstoffzehrende Löschmittel ins Rheinwasser. Es wäre durchaus denkbar, dass sich die Kiemen durch die Einwirkung von Giften verändert haben und die Fische aus diesem Grunde Sauerstoffmangel erlitten. Eine dritte Möglichkeit wäre die Veränderung des Sauerstoffgehaltes im Blut durch direkte Einwirkung von Giftstoffen. Bei den Aalen zeigte sich ein anderes Bild. Die Aale wiesen Hautverbrennungen und Verätzungen auf, ähnlich wie sie Tierärzte auch schon in den Speiseröhren von Hühnern gefunden hatten, die gebeiztes (und damit quecksilberhaltiges) Saatgut gefressen hatten. Das Tierspital nimmt deshalb an, dass die Aale durch die Einwirkung von Quecksilber vergiftet wurden. Natürlich könnten auch noch andere Stoffe eine Rolle gespielt haben. Quecksilber ist schwerer als Wasser, sinkt also rasch ab. Bei Gefahr suchen Aale im Untergrund Schutz; sie graben sich zum Beispiel im Schlamm ein. Andere Fischarten versuchen zu fliehen. Möglicherweise konnte sich das Gros der Weissfische und Forellen in die Seitenflüsse und an geschützte Orte retten. Denn eigentümlicherweise fand man nur wenige tote Fische der übrigen im Rhein lebenden Arten.

Fest stand jedoch, dass es nach dem grossen Fischsterben keine Fische mehr im Rhein gab. Was die übrige Fauna betrifft, musste man feststellen, dass sie (jedenfalls im Abschnitt Basel–Kembs) schweren und schwersten Schaden erlitten hat. Bei ersten Begehungen, die zum Teil von den Gewässerschutzämtern, aber auch von Wissenschaftern durchgeführt wurden, fand man über weite Strekken überhaupt keine Lebewesen mehr vor. An geschützten Stellen, zum Beispiel in Seitenarmen des Altrheins im Elsass, wo sich eine Entnahmestelle der Gewässerschutzämter befindet, konnten allerdings noch Teile von unversehrtem Sediment festgestellt werden. Die Kleinlebewesen und Kleinstlebewesen befinden sich ja vor allem in der obersten Grundschicht des Flussbodens. Auch einzelne Vertreter robuster Arten haben die Katastrophe überlebt, das bestätigte Daniel Küry vom Botanischen Institut. Er hat bei einer ersten Begehung unter Steinen einzelne Egel und Würmer gefunden. Die zahlreichen Fliegenlarvenarten (Köcherfliegenlarve zum Beispiel), insbesondere aber der Bachflohkrebs, der in dieser Gegend häufig vorkommt, sind an den meisten Orten verschwunden. Ähnliche Beobachtungen machte auch die EAWAG, die nach der Brandkatastrophe erste Proben am Flussgrund entnahm.

Spontane Erholung möglich

Das gibt immerhin zu Hoffnung Anlass. Fliessende Gewässer erholen sich rascher als stehende. Ein toter Fluss wird spontan wiederbelebt. Man darf sich das Sediment nicht als träge oder unbewegliche Materie vorstellen. Durch die Strömung ist es dauernd in Bewe-

Die chronische Belastung des Rheins

Jahresfrachten von ausgewählten Substanzen an fünf Messstellen zwischen Bodensee und Nordsee*

	Salz (Chloride) Mio t/Jahr	Zink t/Jahr	Blei t/Jahr	Quecksilber t/Jahr	organische Umweltgifte** t/Jahr
Rekingen (CH)	0,1	100	10	0,2	57
Village-Neuf (F)	0,4	1000	40	1,8	690
Seltz (F)	4,7	1800	140	1,5	1400
Koblenz (D)	6,8	2700	250	5,5	3800
Lobith (NL)	12,3	5700	700	9,0	3700

* aufgrund von Messdaten der Internationalen Kommission zum Schutz des Rheins vor Verschmutzungen an fünf Messstationen umgerechnet bzw. hochgerechnet (Zahlen von 1984)

** schwer abbaubare organische Halogen-Verbindungen, vorwiegend chlorierte Kohlenwasserstoffe

Die chronische Belastung des Rheins ist – anders als das sogenannte Ereignis bei Sandoz – alltäglich und legal. Was in Trinkwasserqualität in den Schweizer Alpen entspringt, fliesst als giftige Brühe nach über 1300 Kilometern in die Nordsee. Vierzig Millionen Menschen leben am Rhein und seinen Zuflüssen, gut die Hälfte von ihnen versorgt der Fluss mit Trinkwasser.

Die Aufbereitung des Wassers wird immer aufwendiger. Die Fortschritte in der Reinigungstechnik können mit der Erfindung von neuen umweltfeindlichen Chemikalien – rund 60'000 sind im Alltagsgebrauch – nicht Schritt halten.

Zwanzig Prozent der Chemiefabriken der westlichen Welt haben ihren Standort am Rhein, unter anderen die Basler Chemie und die drei deutschen Giganten BASF, Höchst und Bayer. Sie verursachen direkt zehn Prozent der Rheinverschmutzung, sind aber für ein Drittel der Gesamtfracht an schwer abbaubaren Stoffen verantwortlich. Die Hälfte der Rheinverschmutzung verursachen Landwirtschaft und Haushalte, die wiederum eine Fülle chemischer Produkte anwenden. Von den 23 Millionen Tonnen Schlamm, die jährlich aus dem Rotterdamer Hafenbecken gebaggert werden, sind rund zehn Millionen Tonnen giftig und stammen hauptsächlich aus dem Rhein.

(ca.)

gung; bei Hochwasser können ganze Teile davon weggerissen und flussabwärts getragen werden. Mit diesem Sediment gelangen auch die in ihm lebenden Organismen in tiefer gelegene Gegenden. Tiere und Kleinlebewesen können sich am neuen Ort umso schneller ausbreiten, wenn sie dort keine Konkurrenz vorfinden. Man kann sich natürlich vorstellen, dass die robusten Arten sich rascher wieder ausbreiten als andere. Es ist also noch keine Gewähr geboten, dass sich die ehemalige Fauna wieder einfindet und damit das ökologische Gleichgewicht wiederhergestellt wird. Bis jetzt gibt es kaum wissenschaftliche Untersuchungen über derartige totale Zerstörungen und über die Phase der Erholung von Fliessgewässern.

Zudem muss berücksichtigt werden, dass der Rhein bei Basel schon lange kein gesundes Ökosystem mehr darstellt. Durch die Abwässer aus der Stadt und der Agglomeration ist der Fluss längst schwer belastet. Zudem sind seine Ufer eingedämmt und verbaut und die Sohle verändert worden. Die zahlreichen Wasserlebewesen finden hier ohnehin keine günstigen Bedingungen vor. Der beachtliche und vielfältige Fischbestand konnte nur durch intensive Pflegemassnahmen erreicht werden. Schon längst werden die Fische als Sömmerlinge eingesetzt. In natürlicher Vermehrung würden sehr wahrscheinlich nur wenige das erste Lebensjahr hinter sich bringen.

Der Abschnitt Basel gehört zur Barben-Region, in der zahlreiche Weissfischarten heimisch sind. Aeschen und Forellen sind eher typisch für oberhalb gelegene Abschnitte. Die Fischereifachleute von Basel haben sich allerdings ehrgeizige Ziele gesetzt. Mit zunehmender Verbesserung der Wasserqualität wollte man auch den Artenreichtum des Rheins auf den ehemaligen „natürlichen" Zustand vergrössern. Die erfolgreiche Ansiedlung der Aeschen, die zehn Jahre gedauert hat, grenzte beinahe an ein Wunder. Inzwischen hat man vor einigen Jahren mit der Salmaufzucht begonnen. Diese Jungsalme wurden im vergangenen Jahr zum ersten Mal ausgesetzt. Ihrem Naturtrieb folgend sind sie flussabwärts gewandert. Im Verlaufe dieses Winters wartet man auf ihre Rückkehr – nach der Sandoz-Katastrophe wohl vergeblich. Es ist verständlich, dass der Fischereiaufseher von Basel-Stadt, Walter Herrmann, und die Hobby-Fischer, die bei dieser langjährigen Arbeit mithalfen, zutiefst erschüttert sind. „Trotzdem", so meinte Herrmann in einem Interview: „Wir werden wieder neu anfangen."

Allerdings kann man ans Aussetzen von Fischen vorderhand nicht denken, bevor sich die übrige Fauna nicht wieder erholt hat. Heute würden die Fische keine Nahrung vorfinden. Sie müssten schleunigst in andere Gewässer abwandern, um nicht zu verhungern.

Hilfe möglich?

Wie schnell die Wiederbelebung des Rheins vor sich gehen kann, wagt heute noch niemand vorauszusagen. Es könnte einige Monate, aber auch einige Jahre dauern. Das hängt weitgehend vom Auftreten starker Hochwässer ab, die gesundes Sediment in unsere Gegenden bringen. Die künstliche Aufzucht und das Aussetzen einzelner Kleintierarten erweist sich heute noch als fragwürdig. Bei der EAWAG hat man Versuche unternommen, die bisher wenig erfolgreich waren. Die ausgeschlüpften Fliegen jedoch werden im kommenden Frühjahr ihre Eier wieder ablegen. Sie waren beim Ausschlüpfen flussaufwärts geflogen, damit ihre Brut möglichst wieder an den eigenen Geburtsort gelangen kann. Es ist zu hoffen, dass auf diese Weise Köcherfliegen- oder Eintagsfliegenlarven wieder zurückkehren.

Immerhin könnte man versuchen, mit sehr einfachen Mitteln der Wiedergenesung des Rheins auf sanfte Weise nachzuhelfen. Dieser Meinung ist der Zoologe Peter Studer. Man könnte jedenfalls die Bedingungen verbessern, indem man gewisse Uferzonen naturnah ausgestaltet und auch am Flussgrund etwas Schotter oder andere naturgerechte Materialien anbringt, damit auch hier Nischen entstehen und die Ansiedlung von Lebewesen begünstigt wird. Schliesslich könnte man versuchen, kleine Teile von gesundem Sediment aus unversehrten Gewässern einzubringen und damit das verödete Sediment impfen – ähnlich wie man einen Komposthaufen impft.

Vorausgesetzt, dass ...

Ob sich der Rhein wieder erholen kann, hängt vor allem auch davon ab, ob keine giftigen Stoffe mehr zurückbleiben. Das wird von allen Fachleuten immer wieder mit Nachdruck betont. Die Pflanzenschutzmittel sind glücklicherweise zum grossen Teil abbaubar. Sie scheinen sich im Wasser allerdings weniger schnell abzubauen, als man zuerst annehmen konnte. Zudem sind die ins Wasser gelangten Mengen auch bei gutem Abbau einfach zu gross. Aus diesem Grunde versuchte man zwei Wochen nach der Brandkatastrophe, das Depot, das sich beim Stau des Kraftwerkes Birsfelden am Grund angesammelt hatte, abzusaugen. Bei einem plötzlich auftretenden Hochwasser hätten nämlich die Schadstoffe aus diesem Depot weitere Vergiftungen auslösen können.

Es dürfen zudem nicht irgendwelche unbekannten Giftstoffe mit Langzeitwirkung auftauchen. Beim Brand und bei den Löscharbeiten können bisher unbekannte chemische Verbindungen entstanden sein, die unter Umständen giftig sind und zu Dauerschäden am Flussgrund führen könnten. Derartige Stoffe sind hinterher schwer zu erkennen.

Die Hauptsorge konzentriert sich auf das Quecksilber. 200 Kilogramm Quecksilber gelangte mit dem Löschwasser in den Rhein. Das war über 10 Prozent der gesamten Lagermenge. Man darf gerade noch froh sein, dass es sich bei dem Aethoxyäthyl-Quecksilber-Hydroxid um eine leicht lösliche organische Verbindung in Form von Salzen gehandelt hat. So darf angenommen werden, dass ein beachtlicher Teil mit dem Rheinwasser flussabwärts geschwemmt wurde (wo es natürlich nicht etwa weniger giftig, sondern höchstens stärker verdünnt wurde!). Trotzdem sinkt auch gelöstes Quecksilber rasch ab. Es hat zudem die Eigenschaft, sich am Sediment von Gewässern anzulagern. Das auf diese Weise angelagerte Quecksilber wird mit der Zeit und zum Verdruss der Unterliegerstaaten rheinabwärts wandern. Es könnte aber auch passieren, dass die verschmutzte Schicht an Ort aufgewirbelt oder von Schlamm und Geröll überdeckt wird. Auf ähnliche Weise könnte sie später wieder blossgelegt und gefährlich werden. Das gilt insbesondere für seichte Uferzonen.

Quecksilber hat aber noch eine weitere unangenehme Eigenschaft: Es gelangt in die Nahrungskette, wo es – wie andere nicht abbaubare Umweltgifte – angereichert wird. Das heisst, wenn im Wasser Quecksilber auftritt, nehmen es die Pflanzen auf, später die Kleinlebewesen, dann (stets in gesteigerter Menge) die Fische, die von den kleinen Organismen leben. In Wasservögeln, die von Fischen leben, kann diese Konzentration bereits lebensgefährlich hoch sein.

Es besteht, nach Aussage des basellandschaftlichen Gewässerschutzamtes, kein Zweifel, dass das mit dem Löschwasser in den Fluss gelangte Quecksilber früher oder später in der Nahrungskette auftaucht. Es wird sich allerdings um sehr kleine Mengen handeln, die sich kaum auswirken können. Man muss sich in diesem Zusammenhang vergegenwärtigen, dass Quecksilber bereits in der Nahrungskette Eingang fand, und dass die vergleichbaren Mengen gross sind.

Trotzdem drängen sich eine minutiöse Kontrolle und regelmässige Messungen an vielen Stellen des Rheins auf. Diese Massnahmen sind nicht nur wegen eines allfälligen Badeverbots unumgänglich, sondern auch wegen der Trinkwassergewinnung aus dem Rhein. Das Gewässerschutzamt von Basel-Stadt hat erst kürzlich eine Untersuchung begleitet, die vom botanischen Institut der Universität

Lieber Fisch.

Es wird Dir guttun, daß die chemische Industrie die organische Belastung der Gewässer in den letzten 20 Jahren um mehr als 90% gesenkt hat.

Es gibt nichts zu beschönigen. Wir haben alle miteinander noch genug zu tun, die Abwasser-Sünden der Vergangenheit aufzuarbeiten. Aber es wäre unredlich, zu übersehen, wieviel wir gemeinsam schon geschafft haben.

Dazu hat die chemische Industrie entscheidend beigetragen. Denn sie wendete für den Gewässerschutz in den letzten zehn Jahren allein 14 Milliarden DM auf. Und das wirkt sich aus: So hat sich der Zustand fast aller Oberflächengewässer seit 1975 um ein bis zwei Güteklassen (innerhalb des Systems von sieben Klassen) verbessert.

Die Belastung des Rheins z.B. mit Schwermetallen wie Chrom, Blei, Kupfer, Nickel und Zink ging in diesem Zeitraum um 50% bis 80% zurück. Er hat heute bereits wieder einen höheren Sauerstoffgehalt als in den 50er Jahren. Und das alles wurde erreicht, während gleichzeitig die Produktion der chemischen Industrie ganz erheblich gesteigert wurde.

So manches Problem haben wir in der Chemie also schon gelöst. Die noch nicht bewältigten Aufgaben werden wir uns mit Verantwortungsbewußtsein und Energie vornehmen.

*Verantwortung hat Leitlinien. Ihr Exemplar liegt bereit. Die Initiative 'Geschützter leben', Karlstraße 21, 6000 Frankfurt/Main, informiert Sie über DIE CHEMISCHE INDUSTRIE.

Natur ist Chemie.
Chemie ist Leben.
Leben ist Verantwortung.

Fordern Sie die Umwelt-Leitlinien der Chemie an. Zum Ortstarif. ☎ 0130-5599

Anzeige in der „Süddeutschen Zeitung", 3. November 1986.

Basel durchgeführt wurde. In drei Diplomarbeiten (von Rita Marbach, Béatrice Rhyner und Toni Häfliger) wurde während den Jahren 1981–1983 eine Bestandesaufnahme der Makrofauna des Rheins gemacht. Diese Untersuchungen sind heute als Vergleichsbasis von unschätzbarem Wert, denn zweifellos müssen nicht nur Messungen, sondern auch wissenschaftliche Untersuchungen den Wiedergenesungsprozess des Rheins begleiten.

Konsequenzen

Dass der Rhein sich wieder beleben wird, darüber bestehen keine Zweifel. Ungewiss ist höchstens die Zeitspanne, in der diese Erholung stattfinden kann. Jedenfalls wird er sich – ungerechterweise – in Basel rascher wieder erholen als flussabwärts.

In der Natur bedeutet Tod oft nicht das Endgültige, wie man im ersten Schrecken annehmen könnte. Aber genau das ist auch gefährlich: Weil die Natur sich auch von den schlimmsten Schädigungen zu erholen vermag, glauben immer noch viele Menschen, dass man ihr ungestraft alles antun kann. Die wirklich irreversiblen und endgültigen Schäden an der Natur entstehen in viel grösserem Umfang und weiträumigeren Zusammenhängen. Und da fehlt uns oft das Vorstellungsvermögen, was in der Natur endgültig bedeutet.

Wenn der Rhein sich von dieser Katastrophe nochmals erholen kann, falls unsere Hoffnungen erfüllt werden, dann ist das gleichzeitig Verpflichtung, sich für die Natur kompromisslos einzusetzen.

Vergiftungsfolgen zeigen sich allmählich

Gespräch mit dem Toxikologen Max Daunderer

Der Münchner Arzt und Toxikologe Max Daunderer, 43, informierte sich auf Einladung von Schweizer Kollegen über die Folgen des Basler Chemiebrandes an Ort und Stelle. Der Toxikologe ist Experte für grossflächige Vergiftungen, im Auftrag des Bonner Auswärtigen Amtes war er unter anderem in Bhopal tätig. Der Verfasser eines neunbändigen Standardwerkes über klinische Toxikologie steht schon seit längerer Zeit mit Basler Ärztekollegen in Kontakt und kennt die Situation. Auf seine Anregung wurde am Basler Kantonsspital die Abteilung für analytische Toxikologie eingerichtet.

Als Toxikologe haben Sie sich in Basel an Ort und Stelle bei Ärzten informiert. Mit welchem Ergebnis?

DAUNDERER Mir wurden Patienten gezeigt, die zu Beginn erhebliche Vergiftungssymptome zeigten wie Erbrechen, Kopfschmerzen, Atembeschwerden, Hustenreiz und einen süssen Geschmack auf der Zunge.

Sind Sie auf gravierende Fälle gestossen?

DAUNDERER Die Leitsymptome einer Lungenreizstoffvergiftung werden sich erst in den nächsten Monaten deutlich ausbilden. Vergiftungserscheinungen haben zumeist einen schleichenden Beginn.

Wie gross ist die Zahl der Menschen mit solchen Anfangssymptomen?

DAUNDERER Darüber gibt es keine Angaben. Die meisten Patienten gingen zu ihren Hausärzten, die wissen aber in den meisten Fällen nicht, um welche Gifte es sich handelt und wie therapeutisch vorzugehen ist.

Haben Sie den Eindruck, dass heute in Basel die ärztliche Koordination klappt?

DAUNDERER Nein, es gibt keine Koordination. Man sagte mir, der Kantonsarzt sei nervlich dekompensiert, es gebe niemanden, der ärztlich koordiniert.

Beschränkt sich die Feststellung von Patienten mit Anfangssymptomen auf die unmittelbare Umgebung der Brandstelle?

DAUNDERER Mir wurde gesagt, solche Erscheinungen träten in ganz Basel auf. Ich habe nur mit Basler Ärzten gesprochen. Über die Vororte habe ich keinen Überblick.

Muss man davon ausgehen, dass sich die Situation verschlimmert?

DAUNDERER Ich fürchte ja.

In welcher Art?

DAUNDERER Wie mir Basler Kollegen berichten, verschlimmert sich bei zahlreichen Patienten der Hustenreiz. Das kann zu einer chronischen Bronchitis führen, also zu Entzündungen der kleinen Lungengefässe. In Extremfällen kann das auch zu einer Umwandlung funktionsfähigen Lungengewebes in nichtfunktionsfähiges Gewebe führen. Das lässt sich aber erst nach längerer Beobachtungszeit feststellen.

Die Temperatur am Brandherd war wegen der verbrannten Stoffe extrem hoch, etwa 1000 Grad. Kann man davon ausgehen, dass die schlimmsten Gifte verbrannt sind?

DAUNDERER Die Reinsubstanzen sind zu ihren Grundsubstanzen verbrannt, und diese gehen mit anderen Substanzen aus dem Feuer zum Teil unbekannte Verbindungen ein. Es sind neben Quecksilberdampf auch Sulfite, Blausäure, Kohlenmonoxid, Ammoniak und Lungenreizstoffe in erheblichen Mengen frei geworden. In Basel sind mir Messwerte nur über die Reinsubstanzen vorgelegt worden. Das genügt nicht.

Bisher sind diese Gifte in der Luft nicht in gefährlichen Dosierungen gemessen worden.

DAUNDERER Es ist schwer feststellbar. Bei dem Brand sind schätzungsweise 1,7 Tonnen Quecksilber durch Brandgase und Winde in grosse Höhen getragen worden. Es ist möglich, dass sich diese Wolke entsprechend der Wetterlage in den süddeutschen Raum verlagert hat. Noch gibt es hier aber keine erhöhten Messwerte. Irgendwo muss dieses hochgiftige Quecksilber aber wieder herunterkommen.

Sie waren seinerzeit im Auftrag des Bonner Auswärtigen Amtes als Experte in Bhopal. Sehen Sie Parallelen zu Basel?

DAUNDERER Durchaus. Man wusste damals in Bhopal und weiss heute in Basel sehr wenig über die Art des Giftes. Man muss davon ausgehen, dass es in der Brandgaswolke bis zu fünftausend verschieden giftige Substanzen gegeben hat. Die Analyse der wichtigsten Substanzen wird Monate dauern. In einem halben Jahr etwa wird man mehr wissen. Aber was nützt das dann den behandelnden Ärzten?

Welche Vorwürfe erheben Sie gegen die Basler Behörden?

DAUNDERER Man hätte die Ausgehbeschränkung keinesfalls aufheben dürfen, ehe eindeutige Messergebnisse vorlagen, dass keine Blausäure und keine Lungenreizstoffe mehr in der Luft sind. Man hätte auch sofort die Basler Ärzte informieren müssen, um welche Gifte es sich handelt. Das ist nicht geschehen. Keiner meiner Basler Kollegen wusste in den ersten Tagen etwas von Quecksilber oder Blausäure, welche Symptome diese Gifte hervorrufen und wie man sie behandelt. Die entsprechenden Instruktionen hätten unbedingt erfolgen müssen. Die Schweizer sollten auch nicht pfennigfuchsen. Man hätte in Basel sofort nach dem Ereignis Kortisonspray verabreichen sollen, um Langzeitschäden in der Lunge zu verhindern. Ein solcher Spezial-Spray kostet für 50 Personen etwa zwölf Mark.

Solche Massnahmen im grossen Stil hätten möglicherweise zu Panik geführt.

DAUNDERER Mit einer offensiven Information hätte man das durchaus im Griff gehabt. Dafür muss sich Basel jetzt auf eine Woge von Spätfolgen gefasst machen. Ist das denn besser?

Das Gespräch führte Fred David

Toya Maissen

Spital: im Katastrophenfall unbrauchbar

Was geschah in der Katastrophennacht im Basler Kantonsspital?

01.40: rückt der Sicherheitsbeamte Berger wegen einer Bombendrohung im Kantonsspital ein. Es ging darum, das Tonband zu finden, auf welchem die eingehenden Gespräche aufgezeichnet werden.

01.30: Die Basler Sanität meldet der Notfallstation den Brand.

02.00: Das Radio meldet, es sei nicht mit Verletzten zu rechnen, geringe Mengen von stinkenden Schadstoffen seien ausgetreten. Der Toxikologe ist informiert.

02.30: hört Berger in der Zentralen Leitstelle Haustechnik (ZLH), die jetzt zur Einsatzzentrale des Spitals wird, zusammen mit dem diensttuenden Mitarbeiter, dass in Schweizerhalle ein Brand ausgebrochen ist. Es folgt der Alarmruf aus Baselland mit der Aufforderung, die Fenster zu schliessen, und die Meldung, dass keine Gefährdung der Bevölkerung bestehe.

03.00: Geruchswahrnehmung

03.05: Gewässerschutzamt meldet Rheinverschmutzung durch Löschwasser. Die Wasserfassung des Spitals muss abgestellt werden.

03.05: Aufgebot der Alarmgruppe Wasser

03.19: Aufgebot der Alarmgruppe Lüftung

03.21: Alarmierung des Chefs technische Dienste

03.24: Alarmierung Chef Ökonomie

03.27: Alarmierung der Chefin des Pflegdienstes

03.30: Die Rheinwasserpumpen sind abgestellt. Die Pathologie wird informiert.

03.50–55: Aldo Buser und Hans Peter Rohr (die Spitaldirektoren) werden alarmiert.

04.15: Rohr und Buser im Spital. Vorsorgliche Massnahmen werden getroffen: persönliche Information des diensttuenden Personals auf allen Stationen (K1, K2, Frauenklinik, Markgräfler Hof, Notfallporte). Rohr telefoniert dem Kantonsarzt Schüpbach im Krisenstab: keine Resultate über Schadstoffe. Der Technische Dienst klärt die Folgen ab, die durch Abstellen der Klimaanlage entstehen.

04.45: Information durch BS-Einsatzleiter Stürzinger aus dem Krisenstab, dass auch die Basler Bevölkerung zu Hause bleiben soll.

05.10: Erstmals Informationen über mögliche ausgetretene Schadstoffe. Keine Fälle von akuten Vergiftungen.

05.15: Der Spitalapotheker wird auf Grund der Informationen aktiv.

05.20: Der Chef der Inneren Medizin wird aufgeboten. Die Chirurgie wird über die mögliche Abschaltung der Klimaanlage informiert. Eine Operation kann noch beendet werden.

05.30: Der Krisenstab verfügt die Abschaltung der Klima- und Lüftungsanlagen des Kantonsspitals. Eine Operation konnte verschoben werden. Die Temperatur im Operationssaal ist noch zu verantworten.

06.10 bis 06.30: Radio „Basilisk" bringt fünf sich widersprechende Meldungen.

Damit waren die Probleme im Kantonsspital aber noch lange nicht am Ende. Im Gegenteil. Soll man das Personal aufbieten? Alle? Übers Radio? Direkt telefonisch? Der Schichtwechsel war nicht gewährleistet. Wer verpflegte die Kranken, wenn der Krisenstab die Bevölkerung aufforderte, zu Hause zu bleiben? Durch das Abschalten der Klima- und Lüftungsanlagen musste es früher oder später zu Schwierigkeiten nicht nur im Operationsbereich, sondern auch auf den Intensiv- und Isolationsstationen, auf der Tierstation, in der Küche kommen. Als um

07.03 der Endalarm kam mit dem Hinweis, dass alle Massnahmen aufzuheben seien, war man wohl auch im Kantonsspital erleichtert. Die Klimaanlage wurde stufenweise wieder angefahren, die Notoperationen konnten wieder aufgenommen werden.

Deutlich wurde in dieser Nacht den Verantwortlichen des Kantonsspitals, wie verletzlich diese hochtechnisierte Institution ist.

Die geschützte Operationsstelle (unter Tag also) wäre im Notfall nicht brauchbar gewesen, denn sie hat keine vernünftigen Zugänge, weder vom Kantonsspital aus noch von der Stadt her. Ambulanzen können nicht einfahren!

„Ich traue derzeit der Chemie-Industrie alles zu"

Gespräch mit dem Basler Regierungsrat Remo Gysin

Von Ihrem Büro, Herr Regierungsrat Gysin, geniessen Sie einen herrlichen Ausblick auf den organisch toten Rhein. Eben zog eine Polivinylchlorid-Emulsion-Fahne aus dem Lonza-Werk in Waldshut vorbei. Ist der Rhein eigentlich immer noch das natürliche Auffangbecken bei Chemieunfällen?

GYSIN Ich habe heute noch nicht zum Fenster hinausgeschaut. Doch was seit der Katastrophe von Schweizerhalle am 1. November 1986 geschehen ist, lässt nicht auf ein grundsätzlich anderes Verhalten der Chemie-Unternehmer schliessen.

Es kann ja nicht Zufall sein, dass die Öffentlichkeit seit „Schweizerhalle" fast täglich mit Meldungen über Chemie- und Giftunfälle überschüttet wird.

GYSIN Da tippe ich auf eine These, die ich allerdings nicht belegen kann: Was wir hier an Chemie- und Giftunfällen erleben, ist nichts anderes als die Darstellung des Normalbetriebs. Und die Veröffentlichung erfolgte nur, weil das Risiko, dass die Verschmutzung entdeckt wird, heute ungleich grösser ist als vor dem Brand in Schweizerhalle.

Verbreitet ist auch die These, die offensive Unfall-Information soll das Publikum auf Meldungen dieser Art immunisieren, damit so bald wie möglich Ruhe einkehrt.

GYSIN Ich traue derzeit der Chemie-Industrie alles zu, wäre aber nicht auf diesen Gedanken gekommen.

Als Sanitätsdirektor sind Sie der höchste Verwalter der baselstädtischen Volksgesundheit. Wie fühlt man sich, wenn tote Fische, Schwermetalle und andere Giftsubstanzen am Regierungssitz vorbeiziehen?

GYSIN Als Regierungsrat fühle ich mich ziemlich ohnmächtig. Denn was man jetzt ändern müsste, sind Einstellungen und Verhaltensweisen. Doch da haben wir vom Staat her bloss beschränkte Druckmöglichkeiten. Wir müssten Einfluss auf unternehmerische Entscheide nehmen können, beispielsweise beim Verzicht auf die Produktion problematischer Giftstoffe. Verlangt wäre heute die fundamentale Umstellung auf eine ökologische Art des Wirtschaftens. Wir haben in Gesprächen mit der Sandoz-Konzernleitung erste Spuren des Vertrauens aufgebaut. Neu war, dass man dabei auch ernsthaft über die eigene und die kollektive Angst gesprochen hat. Ich glaube aber nicht, dass jene Leute, die uns in diesen Schlamassel hineingeführt haben, auch fähig und geeignet sind, uns wieder herauszuführen.

Noch vor drei Jahren waren Sie Vorsteher des Basler Arbeitsamtes. Jetzt sehen Sie sich als Regierungsrat im Kanton plötzlich mit einem industriellen Machtfaktor von ungeheurer Grösse konfrontiert.

GYSIN Nicht plötzlich. Ich habe schon als Vorsteher des Arbeitsamtes direkte Erfahrungen mit unseren Chemie-Konzernen gemacht. Und ich muss sagen: Sie haben sich schon damals Sonderrechte herausgenommen, die weit über das Übliche hinausgingen. So weigerten sie sich beispielsweise, bei Ausländergesuchen Lohnangaben zu machen, damit die Marktkonformität und die Einstellungsbedingungen überprüft werden konnten.

Wie gross ist überhaupt die Handlungsfähigkeit der Basler Regie-

rung gegenüber dem Machtkomplex der drei multinationalen Chemie-Konzerne, deren Reingewinn grösser ist als der Staatshaushalt Ihres Kantons?

GYSIN Die „Chemie" bietet auch doppelt so viele Arbeitsplätze wie die Basler Staatsverwaltung. Dazu kommt, dass sich die Chemie-Unternehmen sehr stark organisieren: Mit der Handelskammer sind sie praktisch identisch und in der „Arbeitsgemeinschaft zur Förderung der Basler Wirtschaft" verfügen sie über ein weiteres Organ, das direkt Einfluss auf die Regierung ausübt. Einzelne Regierungsräte pflegen mit diesen Organisationen periodische Gespräche, die es in dieser Form mit Gewerkschaften und Konsumenten nicht gibt.

Auch im Bereich der Pharma-Forschung gibt es eine verwobene Zusammenarbeit von Staat und Chemie-Wirtschaft.

GYSIN Die „Chemie" ist derart eng mit der Forschung an Spitälern und an der Universität verflochten, dass bis jetzt niemand den genauen Überblick hat. Wenn es dabei um praxisbezogene Forschung geht, kann eine fruchtbare Wechselwirkung entstehen. Problematisch wird es dort, wo die Forschung eindeutig kommerziellen Interessen dient.

Kann die Basler Kantonsregierung die Macht der Basler Chemie-Konzerne überhaupt noch überblicken?

GYSIN Die „Chemie" war bisher weitgehend ein Staat im Staat. Wenn die Regierung aber wirklich will, kann sie eine Art Gegenmacht bilden. Ich hoffe, dass die Regierungen beider Basel nach „Schweizerhalle" dieses neue Selbstbewusstsein finden. Heute ist aber die Verstrickung der „Chemie" mit den Bundesbehörden stärker als mit den Kantonsbehörden. Man braucht die Kontakte bei Mittag- und Nachtessen nicht abzubrechen. Aber Regierungsvertreter müssen genau erkennen, wo Abhängigkeiten entstehen, die nicht im öffentlichen Interesse liegen.

Jedenfalls halfen die Regierungen unmittelbar nach der Brandnacht auch mit, die Lage herunterzuspielen.

GYSIN Es gab Informationslücken auf allen Ebenen, die Regierung war weitgehend ausgeschaltet, und Sandoz produzierte Fehlinformation am Laufmeter.

Können Sie dies belegen?

GYSIN Sandoz erklärte noch am 1. November 1986, es gebe „eine Computerliste der Lagerbestände". Später stellte sich heraus, dass auf dieser Liste nur gerade 27 Prozent des Lagerbestandes erfasst waren. Eine weitere Falschaussage war, die ausgebrannte Halle enthalte „keine Chlorverbindungen", dabei lagen tonnenweise chlorierte Stoffe an Lager. Auch die wahre Bedeutung des roten Farbstoffs wurde nicht sogleich ehrlich dargestellt. So etwas nenne ich Desinformation.

Die Basler Regierung tat so, als sei sie von der Katastrophe gar nicht betroffen. Erst dreieinhalb Tage nach Brandausbruch traf sie sich zur regulären Sitzung.

GYSIN Eine Sondersitzung hätte spätestens am Tag nach der Brandnacht stattfinden müssen. Aber der Regierungspräsident hielt sie nicht für nötig.

So stark muss offenbar der Glauben an die unternehmerische Selbstkontrolle gewesen sein.

GYSIN Selbstkontrolle ist auch heute und in Zukunft noch das wichtigste, aber sie muss ergänzt werden mit staatlicher Oberaufsicht und Kontrolle. Bisher verstand die Mehrheit der Regierung die Selbstkontrolle losgelöst von Eigeninteressen der Chemie-Industrie und überliess ihr somit auch weitgehend den Schutz des Lebens, eine uröffentliche Aufgabe.

Wo aber das Stichwort Selbstkontrolle und Selbstverantwortung im Vordergrund steht – wie bei der Lagerhaltung von chemischen Produkten –, schlägt die öffentliche Kritik mit aller Wucht auf jene zurück, die sie zu tragen vorgeben. Der Staat, der ja seine Kontrollpflicht in Schweizerhalle höchst nachlässig oder gar nicht wahrnahm, konnte sich aus der Hauptverantwortung davonstehlen.

GYSIN Vor allem jene stehlen sich jetzt davon, die bisher unter der Parole „weniger Staat – mehr Freiheit" und einem rigorosen Stellenabbau dem Staat die Möglichkeit genommen haben, alle seine Aufgaben seriös zu erfüllen. Diese Kreise haben ein Klima geschaffen, das der „Chemie" ein nicht zu rechtfertigendes Vertrauen gab.

Sandoz hat angekündigt, Schadenersatz und Genugtuung zu leisten.

GYSIN Sandoz ist bereit, die in Franken auszudrückenden Schäden zu übernehmen und Rheinfischer für ihre Einkommensverluste zu entschädigen. Aber es sind doch bei dieser Katastrophe auch immaterielle Werte zerstört worden. Ich denke an Geborgenheit, Erholung und Besinnung am Rhein, das Ansehen der Stadt oder an den angeschlagenen Zukunftsglauben.

Aber die öffentliche Kritik richtet sich sozusagen ausschliesslich an die Chemie-Industrie – und nicht an den Staat, der in Fragen der

Kontrolle, Aufsicht und akuten Katastrophen-Bewältigung zu schönen Teilen versagt hat.

GYSIN Das stimmt so nicht. Auch die staatlichen Behörden sind vor allem wegen ihrer Art der Katastrophen-Bewältigung – Alarmsysteme, Informationspannen, Schulbeginn, Verharmlosungen – in der Öffentlichkeit stark kritisiert worden.

Wenn sich nun trotz verschärfter öffentlicher Kontrolle erneut eine Katastrophe wie in Schweizerhalle ereignet, kommt doch automatisch der Staat ins Visier, wenn er quasi als Garant der privatwirtschaftlichen Sicherheit hinsteht und das industrielle Risiko verkörpert.

GYSIN Es wurde sicher versucht, das Risiko zu sozialisieren. Wenn wir jetzt mehr staatliche Kontrolle wollen, dann nicht nur in einem Alibi-Ausmass, das keine spürbaren Verbesserungen bringt. Vielmehr soll der Kontrollstab professionell aufgezogen werden. Dazu gehören Know-how, der nötige Stellenbestand und natürlich auch die Kompetenz der mit der Kontrolle beauftragten Mitarbeiter.

Wieviele Mitarbeiter sollen in Ihrem geplanten Chemie-Inspektorat tätig sein?

GYSIN Wenn man die Chemie-Industrie ernsthaft und nicht nur zum Schein kontrollieren und das Gefahrenrisiko vermindern will, braucht es wahrscheinlich Dutzende von Chemikern und Ingenieuren mit bester Qualifikation.

Könnten Sie sich vorstellen, der baselstädtischen Regierung ein Umweltschutz-Departement anzugliedern?

GYSIN Ich könnte mir das schon vorstellen. Doch zwingend ist diese Strukturierung nicht. Hingegen könnten wir neue Ämter schaffen oder bisherige Ämter aus verschiedenen Departementen neu strukturieren.

Wie wollen Sie denn die Chemie-Kontrolle staatlich-institutionell gewährleisten?

GYSIN Ich stelle mir vor, dass das Chemie-Inspektorat dem kantonalen Laboratorium angegliedert wird, dessen Instrumentarium ausgebaut werden müsste. Die Chemie-Inspektoren müssten unangemeldet die Chemie-Produktionsanlagen, Lagerhallen und Transporte überprüfen und an Ort und Stelle kontrollieren. So etwas ist mit zwei, drei Mitarbeitern nicht zu machen. Wir sind derzeit daran, Pflichtenhefte zu entwerfen und unsere Vorstellungen zu konkretisieren. Wenn wir die Chemie-Betriebe ähnlich kontrollieren wie die Restaurations-Betriebe, dann würden damit allein mehr als zwanzig Chemiker beansprucht.

Welches wären die Hauptaufgaben des Chemie-Inspektorats?

GYSIN Da muss zunächst ein Risiko-Kataster für das gesamte Kantonsgebiet aufgestellt werden. Wir wollen genau wissen, wo die Chemie was produziert. Aber auch andere Gefahren-Betriebe würden hier eingeschlossen. Dazu kommt die Berücksichtigung chemischer Sicherheits-Aspekte im Baubewilligungs-Verfahren, bei der Lagerung und beim Transport. Vorgesehen sind auch Risikobeurteilungen von Bauten und Einrichtungen, Weisungen und Vorschriften zur weiteren Minimierung unhaltbarer Risiken, der Aufbau einer C-Schutz-Tätigkeit im kantonalen Führungsstab, die Zusammenarbeit mit Versicherungsfirmen und Beratungen. Es handelt sich um ein immenses Feld, da auch die Zusammenarbeit mit

Feuerwehr, Polizei, Lufthygieneamt, Gesundheitsamt und Gewässerschutzamt koordiniert werden müsste.

Da müsste ja die ganze Katastrophen-Organisation neu strukturiert und eingeübt werden. Dazu kommt, dass die Bevölkerung stark verunsichert ist und immer häufiger das Bedürfnis zeigt, Lebensmittel und Haushaltprodukte auf ihre Giftigkeit hin unabhängig überprüfen zu lassen. Soll Ihr Kantonslabor auch hier einen umfassenden öffentlichen Dienst anbieten?

GYSIN Diese Aufgaben werden zum Teil heute schon wahrgenommen. Sicher aber wird die Öffentlichkeitsarbeit verstärkt werden, um so den wachsenden Informationsbedürfnissen der Bevölkerung Rechnung zu tragen. Es sollte eine Art Anlaufstelle geben, wie sie der Kanton Basel-Stadt schon im Bereich der Energieberatung kennt. Auch sollte das Problem von Chemie und Gift in Podiumsgesprächen und Diskussionen sowie durch Weiterbildung von Lehrkräften thematisiert und im Sinne einer gesamtheitlichen ökologischen Anschauung vertieft werden.

Was aber, wenn sich selbst unter den idealsten Voraussetzungen erneut eine Chemie-Katastrophe wie in Schweizerhalle ereignet?

GYSIN Die Chemie-Industrie stellt mit der Art, wie sie heute arbeitet, ein Risiko dar, das auch mit der schärfsten Fremdkontrolle nicht total eingeschränkt werden kann. Nötig wären andere Produktionsweisen und der Verzicht auf bestimmte Produkte. Dort kann sich die vielgepriesene unternehmerische Selbstverantwortung in den kommenden Jahren bewähren.

Das Gespräch führte Peter Knechtli am 3./4. Dezember 1986

Erwin R. Müller

Agrochemie als Feuerwehr in Katastrophenfällen

Agrochemikalien führen nicht nur bei Brandfällen zu einer Umweltkatastrophe. Ihr Einsatz in der Landwirtschaft vergiftet die Umwelt schleichend. Doch es gibt alternative Methoden des Pflanzenschutzes, die Produktion, Lagerhaltung und Verbrauch von Agrochemikalien auf einen Bruchteil senken könnten.

In der Agglomeration Basel haben 250'000 Leute die Chemikalien-Wolke überlebt. Aber „rein theoretisch", so rechnete die Hamburger „Zeit" ihren Lesern anhand von tödlich wirkenden Gramm-Bruchteilen vor, „hätte das Giftpotential ausgereicht, die gesamte Bevölkerung Europas auszurotten". Von den 1250 in der ausgebrannten Halle 956 gelagerten Tonnen Chemikalien waren 950 Tonnen Agrochemikalien und davon 90 Prozent hochgiftige Phosphorsäureester und Quecksilberverbindungen.

Vorgesehen waren diese Stoffe für den grossflächigen Einsatz auf Äckern, Wiesen und Obstbäumen. Agrochemikalien sollen schädliche Insekten, Unkräuter und Pilze ausrotten. Oder – positiv formuliert: Sie schützen bei ordnungsgemässer Anwendung Nutzpflanzen, die dem Menschen oder seinen Nutztieren als Nahrung dienen, vor Verderbnis, Dezimierung und Vernichtung. „Ohne Chemie müssten wir hungern", schreibt die Schweizerische Gesellschaft für Chemische Industrie in einer Broschüre über die Zusammenhänge von Landwirtschaft, Chemie und Nahrung.

Tatsächlich sind die Hektarerträge der Schweizer Landwirtschaft in den letzten 50 Jahren, je nach Kultur, um bis zu 200 Prozent gestiegen. Wieviel davon die Agrochemie sich als Verdienst anrechnen kann, lässt sich am Vergleich mit den Erträgen jener Bauern ablesen, die konsequent auf synthetische Dünger und Pflanzenschutzmittel verzichten: Die Naturalerträge der biologisch wirtschaftenden Betriebe liegen, nach einer Untersuchung der Eidgenössischen Forschungsanstalt Tänikon für Betriebswirtschaft und Landtechnik, im Ackerbau um 11 bis 15 Prozent und in der Rindviehhaltung um 12 Prozent unter denjenigen der vergleichbaren Betriebe mit Chemie-Einsatz. Bei den Produktionskosten ist die Differenz noch geringer, weil chemiefreie Bauern weniger für Hilfsstoffe aufwenden. Der Verdienst pro Arbeitsstunde ist identisch, da chemiefreie Produkte einen höheren Marktwert haben.

Ohne Chemie müssten demnach die Schweizer nicht verhungern. Der belegte Mehrertrag entspricht lediglich der derzeitigen Überproduktion bei Milch, Fleisch und Getreide.

Über den Verbrauch von agrochemischen Pflanzenschutzmitteln in der Schweizer Landwirtschaft existieren nur Schätzungen. Der Bauernverband ermittelte mittels Hochrechnungen für das Jahr 1981 einen Verbrauch von 2068 Tonnen Wirkstoff, wofür die Bauern 101,3 Millionen Franken ausgaben. Dieter Riggenbach, Geschäftsführer des Verbandes Schweizerischer Pflanzenschutzmittelfirmen (VSPF), setzt allerdings „ein grosses Fragezeichen hinter jede Zahl". Er vermutet einen „nicht unbedeutenden grauen Markt" mit importierten Produkten: „Ein Zöllner weiss sehr genau, was Kalbfleisch ist, aber kaum, was ein Pflanzenschutzmittel ist."

Produzieren darf man alles, in der Schweiz verkaufen und gebrauchen aber nur, was durch die Eidgenössische Forschungsanstalt für Obst-, Wein- und Gartenbau in Wädenswil geprüft und bewilligt wurde. Das Verzeichnis der für den Einsatz in der Landwirtschaft bewilligten Pflanzenschutzmittel enthält 693 Handelsprodukte, die 294 zugelassene Wirkstoffe enthalten. Die Produkte werden von 71 Firmen vertrieben. Nur die fünf grössten sind im

VSPF zusammengeschlossen: Sandoz, Ciba-Geigy, Maag (Hoffmann-La Roche-Tochter), Siegfried und Agroplant (Vertrieb von Bayer-Produkten). Riggenbach glaubt, dass diese fünf 70 bis 80 Prozent des Schweizer Marktes beliefern.

Über 90 Prozent der Schweizer Produktion wird indessen exportiert: 1985 erreichte die Ausfuhr von Pflanzenschutz- und Schädlingsbekämpfungsmitteln einen Wert von 927 Millionen Franken und hatte damit einen Anteil von 6,6 Prozent am gesamten Chemie-Export. Zusammen mit dem Inlandabsatz dürfte also die Schweizer Agrochemieproduktion rund eine Milliarde Franken betragen. Der Weltmarkt wird auf 30 Milliarden geschätzt. Ein Viertel der Mittel werden in den Entwicklungsländern versprüht.

Die Agrochemie ist eine Branche, die mit naturgesetzlicher Regelmässigkeit sich selbst immer neue Nachfrage und Absatz schafft: Genetische Faktoren führen dazu, dass die bekämpften Schädlinge, Unkräuter und Pilze resistent gegen die Behandlung werden – ein paar widerstandsfähige Exemplare überleben, vermehren sich und machen so das Mittel unwirksam. Bei Pflanzen geschieht das im Jahresrhythmus, bei Insekten – dank kurzer Generationenfolge und grosser Vermehrungsrate – mitunter innert Tagen.

Die Bauern müssen deshalb in höheren Dosen und öfters spritzen. In den Laboratorien steigt der Forschungsaufwand stetig an, obwohl jeder wirtschaftlich bedeutsame Schadorganismus schon längst sein Gegengift hat – es geht heute nur noch darum, für unwirksam gewordene Mittel das Ersatzpräparat zu entwickeln, das in chemisch anderer Zusammensetzung den resistenten Schädling auf neue Art angreift.

Gelingt dies nicht rechtzeitig, wird die Situation ungemütlich. Der Weg zurück ist nämlich auf Jahre versperrt, weil die zu schützende Nutzpflanze keine eigenen Abwehrkräfte mehr hat: Die natürlichen Feinde von Schadorganismen wurden durch das Gift ebenfalls dezimiert, entweder direkt bei „unscharfer" Wirkung, in jedem Fall aber indirekt, weil den Nützlingen der Lebensraum und die Nahrungsgrundlage zerstört wurde.

Da der natürliche Feind meist einer höheren Gattung zugehört, die sich langsamer vermehrt – zum Beispiel insektenvertilgende Vögel und Amphibien –, ist die Dezimierung des Nützlings fatalerweise noch effizienter, während das eigentlich anvisierte Subjekt sich unbehelligt vom natürlichen und resistent gegen den chemischen Feind weiterverbreitet.

Besonders unheimlich aber ist, weil in den Konsequenzen nie vorhersehbar: Die Agrochemie greift nach Jahrmillionen evolutionärer Entwicklung mit im Labor erzeugten Stoffen in ein komplex vernetztes System von natürlichen Organismen ein, in dem jeder von jedem vielfach abhängig und keiner unnütz ist. Die Selbstregulierungskraft ökologischer Gleichgewichte ist zwar erstaunlich, aber nicht unbegrenzt: Die sogenannten „Roten Listen" der ausgerotteten und bedrohten Pflanzen und Tiere wird – nicht nur wegen der Agrochemie – länger und wächst schneller. Stirbt eine Art aus, kann das den Tod von bis zu zehn weiteren Pflanzen- und Tierarten zur Folge haben.

Mitverantwortlich ist auch die Landwirtschaftspolitik, die mit dem Preis-Einkommensmechanismus die Bauern zur Mengenproduktion und damit zum Einsatz von intensivierenden Hilfsstoffen zwingt. Eine Agrarreform – auch zur Lösung der Überschussprobleme – müsste hier ansetzen: Mit tieferen Preisen und Direktzahlungen an die Bauern als Einkommensersatz würde der Einsatz von Agrochemikalien gebremst, weil die Grenzkosten zu hoch sind. Eine Landwirtschaftsinitiative, die derzeit in einer Arbeitsgruppe von Umwelt-, Tierschutz- und Konsumentenorganisationen diskutiert wird, fordert darüber hinaus auch, dass auf Handelsdüngern eine Abgabe und auf Pflanzenschutzmitteln eine Steuer erhoben wird, die 100 Prozent der Produktionskosten beträgt.

Auch die landwirtschaftlichen Forschungsanstalten raten den

Bauern dringend, den Verbrauch von Chemikalien einzuschränken. Sie beschäftigt vor allem das Resistenzproblem. Die Bauern werden zum Teil detailliert angewiesen, welche Handelsprodukte in welcher Reihenfolge zu spritzen sind. Gleiche und ähnliche Wirkstoffe sollen in möglichst grossen Zeitabschnitten aufs Feld kommen, womit ihre Wirksamkeit länger erhalten bleiben soll.

Die staatlichen Anstalten forschen auch im Bereich der „integrierten Produktion": Bei dieser Methode wird nicht einfach präventiv nach dem Spritzplan der Agrochemie über Äcker und durch Obstgärten gefahren, sondern nur bei der akuten Gefahr, dass der mutmassliche Schaden grösser wird als die Spritzkosten. Das ist für den Bauern billiger, bedingt aber eine genaue Beobachtung der Kulturen und ein verlässliches Instrumentarium zur Bestimmung der Schadenschwelle.

Auch können lange, abwechslungsreiche jährliche Fruchtfolgen sowie an das Klima und die Bodenverhältnisse angepasste Sortenwahl bei der Aussaat das Risiko eines Schädlings- oder Krankheitsbefalls vermindern. Statt die Schädlinge chemisch zu vernichten, versucht man bei der integrierten Produktionsmethode, ihre natürlichen Feinde zu fördern. Hier nützen der Forschung Erkenntnisse aus der biologischen Landwirtschaft.

Man sollte aus dem Chemie-Einsatz keine Religionsfrage machen, sagt Hans-Paul Bosshardt von der Forschungsanstalt Wädenswil. Der Verbrauch könnte schon heute auf einen Bruchteil und mit Forschungsarbeit noch weiter gesenkt werden, wenn die Pflanzenschutzmittel „vernünftig" eingesetzt würden, „nur dann, wenn es anders wirklich nicht geht". Also: Agrochemie als Feuerwehr in Katastrophenfällen.

Joschka Fischer

Wir sind gewarnt, vielleicht zur Zeit

Plädoyer für eine Wende

Tschernobyl und Basel-Land, ein seltsamer geographischer Vergleich hatte in den letzten Tagen Konjunktur. Man mag darüber streiten, ob er angemessen ist; immerhin hat die Reaktorkatastrophe Dutzenden von Menschen das Leben, Tausenden die Heimat gekostet. In Basel war dies anders, Gott sei Dank, denn der Gedanke an das Phosgen-Lager am Unfallort lässt einem Szenarien in den Sinn kommen, die dem Grauen in der Ukraine nicht nachgestanden hätten.

Offenkundiger waren andere Parallelen: verantwortungslose Anlagenbetreiber, überforderte Behörden, absolut unzureichende Gefahrenvorsorge. Erschreckend auch die Erfahrung, wie unser „zivilisiertes" Nachbarland, mit dem wir doch sogar die Muttersprache teilen, sich in einem grenzüberschreitenden Katastrophenfall verhielt wie ein ertappter Hühnerdieb. Da wurde im schlimmsten ukrainischen Stil abgewiegelt, desinformiert, Informationen zurückgehalten. Tagelang entstand bei mir der Eindruck, als gebe es neben der Konzernleitung keine Kontrollinstanz für Sandoz.

Eine weitere Gemeinsamkeit der beiden „Havarien" aber ist positiv: Sie haben uns gewarnt, vielleicht noch rechtzeitig. Beide Unfälle haben deutlich gemacht, dass alles noch viel schlimmer kommen kann, wenn wir die Lektion der Katastrophe nicht lernen. In Sachen Atomenergie ist die Lektion eindeutig: aussteigen, je schneller, desto besser. Und diese Botschaft ist in der Bevölkerung angekommen.

Aber in Sachen Chemie? Hier sind Patentrezepte, auch grüner Herkunft, Mangelware. Unübersichtlichkeit, pessimistischer Fatalismus oder angstvoller Optimismus prägen die Szene. Chemie – nein danke? Undenkbar. Das Schlagwort von den unentrinnbaren Risiken der Zivilisation macht die Runde.

So droht die Lektion von Sandoz verlorenzugehen im bürokratischen Aktivismus, in Prüfungen, Investitionen, Katastrophenplänen. Dies alles ist wichtig und notwendig, darf uns aber nicht den Blick dafür verstellen, was die eigentliche Konsequenz des chemischen GAU in Basel-Land sein muss: Wir brauchen eine Chemiewende.

Erinnern wir uns an den profanen Ablauf der Katastrophe. Ein Lager brannte, wurde gelöscht, dabei gelangten tonnenweise Chemikalien in den Rhein. Keine Ultragifte übrigens, sondern ordinäre Mittel, dem sogenannten Pflanzenschutz dienend, schwammen da weg. Chemikalien, wie sie in Mitteleuropa jährlich in Riesenmengen hergestellt, gelagert, transportiert und – vorsätzlich freigesetzt werden.

In der Bundesrepublik gibt es nicht wenige Amtsträger und Industriekapitäne, die mit seriöser Miene erklären: bei uns nicht. Der pikierte Hinweis auf hinterwäldlerische Schweizer Behörden, antiquierte Sicherheitsvorkehrungen, die vorsintflutliche Feuerwehr und den allseits bekannt unermesslichen Erwerbstrieb Schweizer Unternehmen scheint zu genügen. In der Bundesrepublik sei das alles ganz anders, High-Tech beim Katastrophenschutz sei hierzulande angesagt. Zur Beruhigung der Bevölkerung tut man, wie in der Schweiz auch, dann noch ein übriges: Schnell werden alle grossen Chemiefirmen an Gewässern überprüft. Das vorhersehbare Ergebnis: alles in Ordnung, ein paar nachträgliche Investitionen allenfalls. Sandoz, war da was?

Kein Wort davon, dass es ja bei weitem nicht reicht, wenn an den Produktionsstätten und Lagern der Grosskonzerne das Löschwasser zurückgehalten werden kann, wenn dort Werkfeuerwehren verfügbar sind und der bauliche Brandschutz dem Stand der Technik entspricht. Schon da gäbe es kritische Fragen: Sind die Auffangräume wirklich alle dicht? Wie sieht es mit dem Grundwasserschutz im Brandfall aus? Was passiert bei Unfällen, die sich in einer Regenwetterperiode ereignen?

Vollends verschwiegen wird, dass der gesamte Giftkram eben nicht nur auf wenigen, gut kontrollierten Werkgeländen von Chemieriesen herumsteht, sondern auch in vielen kleinen und grösseren Lagern. Insofern war Sandoz gerade nicht der typische Unfall. 30'000 Tonnen Agrochemikalien des Typs Sandoz werden jährlich allein in der Bundesrepublik hergestellt, von den vielen anderen giftigen „Spezialitäten" der Chemiestatistik ganz zu schweigen. Und schliesslich das Transportproblem: Irgendwie muss das Zeug ja zu den Endverbrauchern in Europa und Übersee gelangen.

Nach seriösen Schätzungen sind gerade 30 bis 40 Tonnen der Sandoz-Chemikalien in den Rhein geflossen. Wer will irgendeine Gewähr für alle diejenigen chemischen Gefahrenpotentiale dieser Grössenordnung übernehmen, die täglich auf Europas Strassen und Bahnen fahren, auf seinen Flüssen schwimmen? Wer will ernsthaft behaupten, dass die vielen Umschlagplätze und Speditionslager gegen Brände besser geschützt sind, besser geschützt werden können als die Lagerhalle von Sandoz? Und an die Lager der Wiederverkäufer und Anwender von Agrargiften mag man schon gar nicht denken.

Ein weiterer beunruhigender Aspekt der Sandoz-Katastrophe blieb bisher merkwürdig unbeachtet. Da rauschen zwei Giftwellen den Rhein hinunter, vernichten weite Teile des Lebens im Fluss und zwingen die Rheinwasserwerke zum Abschalten, damit die Bevölkerung vor den Sandoz-Giften geschützt ist: Bei allem Sinn, den diese Vorsorge macht, wird völlig verdrängt, dass diese Gifte ja dazu *bestimmt* waren, auf Äckern und Wiesen verteilt zu werden – um von dort gewiss als Rückstand in die Nahrung zu gelangen. Nicht umsonst liegen schliesslich die deutschen Grenzwerte für chemisch verseuchte Lebensmittel um ein Vielfaches über der Giftwelle, die durch den Rhein geschwappt ist. In Hessen haben maximal 18 Mikrogramm Disulfuton die Mikrolebewesen des Rheins ausgerottet, uns Menschen aber wird Getreide zugemutet, das mit 100 Mikrogramm belastet ist. Der Hopfen für das Bier darf sogar 10'000 Mikrogramm des Gifts aufweisen!

Sandoz hat also nur *einen* Risikofaktor der chemischen Industrie beleuchtet, einen Faktor allerdings, der in untrennbarem Zusammenhang steht mit der totalen Chemisierung unserer Umwelt in den letzten Jahrzehnten: So ist in der Bundesrepublik allein in den letzten zehn Jahren die Produktion von Agrargiften des Typs Sandoz um 40 Prozent gestiegen. Die Allgegenwart von Stoffen, die bei ihrer Produktion, Verteilung, Anwendung und Entsorgung grosse Gefahren für Mensch und Umwelt heraufbeschwören, lässt sich auf Dauer einfach nicht beherrschen. Wir können die Hunderttausende von Chemikalientonnen, die jährlich in Europa herumvagabundieren, nicht mit derselben Sorgfalt behandeln, wie sie zum Beispiel beim Umgang mit radioaktiven Stoffen gefordert wird (und selbst dort gibt es, wie wir wissen, unbeherrschbare Risiken). Für die Chemie führt kein Weg an der Erkenntnis vorbei: Was in der Welt ist, kommt auch in die Umwelt.

Diese Erkenntnis mündet direkt in die einzige Konsequenz, die uns auf Dauer vom Terror einer ungezügelten chemischen Durchseuchung befreien kann: Es dürfen langfristig nur noch Stoffe hergestellt und angewendet werden, mit denen die belebte Natur auch fertig wird. Diese Forderung ist keine grüne Utopie. Es geht vielmehr darum, die Selbstverständlichkeit abzubauen, mit der uns die chemische Industrie für alle möglichen Probleme harte Chemie als Lösung aufdrängt, ohne dass wir gleichzeitig die Rolle der Chemie als Problemverursacher wahrnehmen. Chemie ja, aber nur wenn wir wissen, worauf Menschen und Umwelt sich da im Einzelfall einlassen. Wem nach Sandoz der Mut zum chemischen Risiko abhanden gekommen ist, kann nicht länger auf die Bändigung der Chemielawine verzichten, die mit noch wachsendem Tempo auf Industrieländer und Dritte Welt niedergeht.

Langfristig kann nur von Sicherheit gesprochen werden, wenn es gelingt, eine Wende in der Chemiepolitik herbeizuführen.

Um wirklich sicher zu sein vor den Restrisiken der Alchemie, ist sehr viel mehr notwendig an politischer Initiative. Zwei Handlungsperspektiven zeigen sich an. Zum einen eine rigorose Überprüfung der produzierten Stoffe, ob sie denn tatsächlich notwendig sind für uns. Sowie die Aufklärung der Verbraucher.

Zum andern ist die Forschung gefragt: Es müssen neue Eckpfeiler gesetzt werden, dahin gehend, dass nach Werkstoffen geforscht wird, die aus „naturnahen Struktureinheiten" zusammengesetzt sind. Die Chemiebranche in der Bundesrepublik verfügt zusammen über einen Forschungsetat von rund fünf Milliarden Mark. Das Geld könnte doch gut angelegt werden.

Chemiestadt Basel

„Die Sandoz hat ein hohes Lob verdient."

Edgar Fasel, Informationschef der Sandoz, 13.11.1986

Toya Maissen

Szenen einer Ehe

Basler Chemie und Basler Bevölkerung sind miteinander verheiratet. Für diese Ehe gibt es keine Scheidung. Diese Ehe steckt in einer tiefen Krise. Und wie üblich in solchen Fällen, stellen die Partner fest, dass sie recht wenig voneinander wissen, obwohl das Verhältnis bis weit ins 19. Jahrhundert zurückreicht. Wer sie sind, wird hier zu erklären versucht.

Wenn erfolgreiche Konzernherren mit gekonnt schüchternem Charme, mit den untadeligen Manieren, die nur in langer Zeit geübte herrschaftliche Distanziertheit zu verleihen vermag, wenn diese Herren ihre legendären wirtschaftlichen Erfolge herunterspielen, wenn sie Weltläufigkeit mit linkischem Understatement kaschieren, wenn sie mit beredter Bescheidenheit ihre tatsächlichen Gewinne hinter kunstvoller Bilanzakrobatik verstecken, dann wird es in der Chemiestadt Basel Frühling.

Dann wird das Hochamt zelebriert, das anderswo Bilanzpressekonferenz heisst.

„Der Einzug der Konfirmanden", spotten Mitarbeiter der Ciba-Geigy, wenn ihre Allerhöchsten vorne am Konzerntisch in gebührendem Abstand zur Gemeinde Platz nehmen. Die internationale und nationale Finanzpresse stellt sich sofort ein auf diese ganz besondere Ambiance, die nur die Basler Chemiemanager so perfekt herzustellen wissen, vergleicht man sie etwa mit der viril-jovialen Masche der Elektros oder der überalterten Rudermannschaft in der Waffenschmiede des Dieter Bührle.

In gediegenem Ton und kompliziertester Fragestellung, anstandshalber zumeist im Konjunktiv, versucht die Wirtschaftspresse mit wiederkehrendem Misserfolg hinter die Geheimnisse der Basler Spitzenmanager zu kommen. Harte Fragen sind die Ausnahme, meist mit einer Entschuldigung vorgebracht, werden sie mit hochgezogenen Augenbrauen leise tadelnd zur Kenntnis genommen. Freche Fragen gelten als ungezogen, sie werden zwar gestellt, aber doch sehr selten. Nach ein zwei Stunden höflichstem, aber doch wortkargem Dialog schreitet man zur Tafel. Die Manager sind glänzende Gastgeber. Denn: Da wird nicht etwa geprasst und geschlemmt, bewahre, bei der Basler Chemie isst man nicht einmal, man speist.

Und so sind sie auch: Hart, aber niemals hemdsärmlig. Sie haben Macht, aber sie bestreiten, diese Macht zu haben, weil sie nie Macht am eigenen Leibe gespürt haben. Persönliche Bescheidenheit paart sich geradezu ideal mit unternehmerischer Rücksichtslosigkeit. Das Patriarchat ist der betriebsinterne Weltgeist. Bei allen dreien. Im internationalen Geschäft aber sind sie Haudegen, die alten Eidgenossen, die auf den Weltmärkten den Zweihänder schwingen. Nach Marignano hat die Exportwirtschaft die schweizerische Aussenpolitik übernommen.

Die Basler Chemieangestellten, an die 40'000, reden stets von „unserer Chemie". Sie sind meist stolz darauf, dem Königreich Ciba-Geigy, dem Herzogtum Hoffmann-La Roche oder dem Fürstentum Sandoz dienen zu dürfen. Sie gehören zu den verwöhntesten Arbeitnehmern in der Schweizer Industrie, ja weltweit. Denn ausser Mitbestimmung haben sie alles: Spitzenlöhne, erstklassige Sozialleistungen, Sportanlagen, Kulturveranstaltungen, Weiterbildungsmöglichkeiten, betriebsinterne Verkaufsstellen mit Vergünstigungen aller Art, Kantinen, die sich mit den besten Restaurants der Stadt messen können, nur dass sie erschwinglich, ja spottbillig sind.

Das Verhältnis zu den Gewerkschaften wird als partnerschaftlich bezeichnet, wenn es auch im Rahmen der Vertragsverhandlungen gelegentlich zu Scharmützeln kommt und die Drohung mit der Auslagerung von Arbeitsplätzen mit zum liturgischen Ritual gehört. Durch die massenweise Beförderung der Arbeiterinnen und Arbeiter zu Angestellten während der Hochkonjunktur, durch die Schaffung von mächtigen Hausverbänden und vornehmen Akademikergemeinschaften wurden die Gewerkschaften immer mehr zurückgedrängt. Personaleinsparungen oder Hebung der Produktivität oder Rationalisierungen oder Senkung der Arbeitskosten oder ... oder ... wie immer das auch genannt wird, finden in der Basler Chemie natürlich auch statt. Man macht es weniger plump als etwa Bankier Leutwiler bei BBC. Mc Kinsey ist das Stichwort bei Sandoz, bei Roche gab man der Sache keinen Namen, aber es war genauso hart. Irgendwie ist es so, dass man die Leute sich selber rausschmeissen lässt. Die Mitbeteiligung in den grossen Chemiebetrieben funktioniert eigentlich, abgesehen vom Aktienbesitz, den Sandoz und Ciba-Geigy ihren Mitarbeitern von Haus aus gewähren, nur auf der Ebene der Rationalisierungsbemühungen. Abteilungsleiter übernehmen die hohe Aufgabe, beim personellen Trimm-Fit-Programm Hand anzulegen. Arbeitsplätze in der Basler Chemie sind trotzdem sehr begehrt, wenn auch nicht immer sehr gesund. Das Management ist klug genug, in den Stammhäusern die Arbeitsplatzsituation laufend zu verbessern, und was anderswo, etwa im Ausland, geschieht, geht in Basel ohnehin niemanden etwas an. Mit Ausnahme der ewig gleichen Linken interessiert sich ja auch niemand dafür.

Insgesamt und aus der Nähe betrachtet also eine Idylle – so lange sich niemand querlegt. Das Management glaubt sich zwar auf dem letzten Stand (was nicht unbedingt der richtige sein muss), aber der alte hierarchisch-patriarchalische Geist ist nicht auszurotten. Es ist die allgegenwärtige Macht milder Herrscher. Doch wehe, sie wird in Frage gestellt. Aber wer in Basel stellt sie schon ernsthaft in Frage?

SANDOZ

Zuviel hängt davon ab: 20 Prozent der Bevölkerung in der Region arbeiten bei der Basler Chemie. Aber weit über die Hälfte ist direkt oder indirekt von der Chemie abhängig. Das gilt von den Lebensmittelzulieferern über die Bauwirtschaft bis hin zu den Instituten der Universität. Wenn in Basel, was ab und zu ja vorkommt, der eine oder andere Forscher mit dem Nobel-Preis ausgezeichnet wird, dann immer auch unter der warmen Sonne der Basler Chemie. Ihre Forschung hat Weltruf und entsprechend ist ihr Einfluss auf die Lehre an der Universität.

Der Stadtstaat Basel ist fest in chemischer Hand. Das Baselbiet hat es da etwas besser, denn das höhere Chemiekader lebt im Steuerparadies Baselland, wo weniger Beton und mehr Grün vorherrschen. Die heimlichen Herrscher lassen der Stadt jedoch viel Spielraum – solange ihre Interessen nicht tangiert werden. Ist das aber – selten genug – einmal der Fall, dann kommen die harten Bandagen sehr schnell zum Vorschein.

Wer etwa in der Vergangenheit eine bessere Kontrolle der Chemie forderte, und das geschah immer wieder von links, ist ein Nestbeschmutzer und Arbeitsplatzkiller, ja schlimmer noch, da wird ja die väterliche Autorität in Frage gestellt. Von der bürgerlichen Mehrheit im Parlament wurden solche Vorschläge stets abgeschmettert. Die Umweltschutzdoktrin lautete: Die Chemie kontrolliert sich selbst. Und damit basta. Diese Selbstkontrolle in Zweifel zu ziehen, gilt als taktlos, ist so etwas wie Majestätsbeleidigung. Parlamentarische Anfragen liess die Regierung von der Chemie stets selber beantworten und reichte sie meist im gleichen Wortlaut ans Parlament weiter.

Aber hatte sie denn eine andere Wahl? Wer 56 Prozent der Wertschöpfung im Fundamentalbereich herbeischafft, der hat eben das Sagen. So sind die Machtverhältnisse, die akzeptiert wurden – nicht nur von der politischen Mehrheitsklasse, sondern auch von ihren Massenmedien. Es bedarf da gar keines besonderen Druckes. Das funktioniert von selbst, und notfalls ist da ja immer noch das bewährte Arbeitsplatzargument.

Das sind die Machtverhältnisse in Basel-Stadt.

„Eine gute Bürgerin" will die Chemie in Basel sein, versicherte der Präsident des Verbandes der Basler Chemischen Industrie, Guido Richterich (Hoffmann-La Roche). Diese gute Bürgerin zahlt pünktlich einen ansehnlichen Steuerbrocken und gibt sich auch sonst recht grosszügig. Als Basel-Stadt einmal in Liquiditätsschwierigkeiten war, hat die Chemie Geld vorgestreckt für die Löhne ... Die Grosszügigkeit hat auch einen anderen Aspekt: Als die ehemalige J.R. Geigy 1958 ihren 200. Geburtstag feierte, gab sie dem Komponisten Rolf Liebermann einen Kompositionsauftrag, und der schuf das „Geigy Festival Concerto" mit Basler Volksweisen und einem hinreissenden Solo für Basler Trommel. Das Kunstmuseum wurde aus gleichem Anlass mit einem Holbein beschenkt. Als die Universität 500 Jahre alt wurde, stiftete die Hoffmann-La Roche-Hauptaktionärin und Kunstmäzenin Maja Sacher-Stehlin (vormals verwitwete Hoffmann) von Paul Hindemith den „Marsch für Orchester über den alten Schweizerton", und Benjamin Britten schrieb gegen ein Spitzenhonorar die „Cantata academica Carmen basiliense" für Soli, Chor und Orchester Op.62. Am Jubiläumsakt der erst 100-jährigen Sandoz dirigierte Roche-Verwaltungsrat Paul Sacher sein Kammerorchester – das er nun plötzlich aufgelöst hat – zu Ehren der Kollegialfirma. Ein Gang durch das Basler Kunstmuseum zeigt Gemälde von unschätzbarem Wert aus Stiftungen der Basler Chemie.

Der Mehrwert, den Frauen und Männer in der Basler Chemie erarbeitet haben, hängt auch in den Museen. Doch das nur nebenbei.

Die Basler Chemie, bewusst oder unbewusst, greift auch tief ins Leben der Gesellschaft ein. Sie überlässt möglichst nichts dem Zufall. Obwohl schwer geplagt von politischen Berührungsängsten, treibt sie interessanten Agitprop. Etwa wenn Pfarrer an firmeninternen Kursen ein bisschen Manager spielen dürfen. Der Pfarrer als Werkleiter im Computerspiel ist ein Integrationsversuch und bei der Chemie weit beliebter als diese neumodischen Theologen mit ihrer zweifelhaften Dritt-Welt- und Umweltschutz-Ethik. Die Diskussionen über ethische Fragen fürchtet die Basler Chemie wie der Teufel das Weihwasser. Trotzdem heisst der letzte Schrei bei vielen Schweizer Multis jetzt „Firmenethik und Unternehmenskultur". Dazu gehört sicher auch, wenn das „Pfarramt für Industrie und Wirtschaft" zusammen mit den Firmen Gespräche zur Vorbereitung auf die Pensionierung organisiert. Es entzieht sich unserer Kenntnis, ob an diesen Gesprächen auch Spitzenmanager teilnehmen. Geht ein Basler Chemieangestellter in Pension, so bleibt er durch die Hauszeitung, durch jährliche Pensioniertenausflüge und manche andere Aktivitäten mit „seiner Chemie" bis ans Grab verbunden.

Chemie bedeutet in Basel auch Heimat. So ist das Verhältnis der Basler Bevölkerung zu „ihrer Chemie" getragen von Bewunderung, Liebe, Dankbarkeit, Furcht und einem gerüttelten Mass an selbstverschuldeter Hörigkeit und grenzenlosem Vertrauen. Lange Zeit hatte man das Glück einer wohlbestallten, gut eingespielten und harmonischen Ehe genossen. Den Anfechtungen begegnete der Partner Chemie mit patriarchalischen und ordnungspolitischen Kraftakten, gepaart mit väterlicher Grosszügigkeit und Wohlwollen. Die Bevölkerung, der andere Partner in dieser Ehe, fühlte sich beschützt, sicher aufgehoben und unterwarf sich – gelegentlich nicht ohne Lust.

In dieser Ehe spielten Regierung, Politiker und Behörden insgesamt die Rolle der Dienerschaft, um nicht zu sagen der Zuhälter. Wer sich vom Personal nicht botmässig verhielt, herummaulte, hatte nichts zu bestellen. So wollten es die politischen Mehrheitsverhältnisse, die sich die Bevölkerung selbst geschaffen hatte.

Mehrheitspolitiker in Regierung und Parlament waren stets zu

Bücklingen bereit, selbst dann, wenn sie weder gefragt waren noch erwartet wurden. Auch unausgesprochene Wünsche aus den Konzernzentralen wurden als Befehle wahrgenommen.

Clearingstelle zwischen Basler Chemie und Behörden ist die Basler Handelskammer, verfilzt mit halb Basel über den Gewerbeverband bis zum Volkswirtschaftsbund und durchsetzt mit genügend Politikern, um einigermassen der Lobbytätigkeit effizient nachkommen zu können. Der Präsident der Handelskammer kommt traditionell aus einer der Basler Chemischen. Ehemals einfach Zierde und Gallionsfigur eines Altherren-Clubs, hat sich seine Funktion radikal verändert, seit die Handelskammer professionalisiert wurde und sich als Basler Nebenregierung etabliert hat.

Die Präsidialadresse des Handelskammer-Präsidenten ist deshalb für Basel, auch wenn das nur wenige zur Kenntnis nehmen, immer auch eine „Botschaft zur Lage der Nation". Das hört sich dann etwa so an: „Als Unternehmer müssen wir uns täglich in einer Umwelt bewähren, die uns zumeist nicht freundlich, eher fremd und kritisch gegenüber tritt. Zunehmend einengende staatliche Vorschriften und eine allgegenwärtige Bürokratie erschweren die tägliche Arbeit. Die Steuern und sozialen Abgaben fressen die für die Entwicklung des Unternehmens benötigten Gelder weg. Kritische Medien und weltverbessernde Organisationen verschiedenster Schattierungen tragen das ihre dazu bei, dass die Wirtschaft und ihre Repräsentanten nicht immer einen guten Ruf geniessen." (Gaudenz Staehelin am 26. Juni 1985 vor der Basler Handelskammer)

Ein anderer grosser Mann der Basler Chemie, Louis von Planta, formulierte Ähnliches als Präsident des Vorortes des Schweizerischen Handels- und Industrievereins am 15. September 1985: „Das Gebiet des Umweltschutzes ist heute zum Tummelfeld von Politikern aller Schattierungen und auch vieler Besserwisser geworden. Ich glaube sagen zu dürfen, dass die schweizerische Industrie umweltbewusst und bereit ist, die notwendigen Massnahmen zu treffen, wenn diese sinnvoll und insgesamt tragbar sind."

Nun hat sich herausgestellt, dass die Besserwisser leider recht behielten, dass die Massnahmen vielleicht für die Chemie selber durchaus „sinnvoll und tragbar” waren, aber absolut ungenügend: An Allerheiligen heulten nachts in der Region die Sirenen auf: Das Glück zwischen Basler Chemie und Basler Bevölkerung stürzte im Flammenmeer von Schweizerhalle in sich zusammen.

Astrid Frefel

Marc Moret trat auf

Drei Wochen sind seit der Brandkatastrophe im Sandoz-Werk Schweizerhalle vergangen. Im düsteren Auditorium am Sandoz-Hauptsitz im Bau 510 warten Hunderte von Medienvertretern, Dutzende von Fotografen und eine Handvoll Kameramänner. Zum ersten Mal steht er leibhaftig da: Marc Moret, Präsident und Delegierter des Verwaltungsrates. Bis jetzt hat er sich ausgesucht, wen er vorliess, heute dürfen alle ihre Fragen an ihn richten.

Auf dem langen Podiumstisch steht ein einziges, einsames Schild: M. Moret. Die Mitglieder der Konzernleitung sitzen unten im Zuschauerraum. Moret verteilt die Bälle, ruft seine Direktoren auf, wenn es gilt, Fragen zu beantworten. Ihre Namen erscheinen dann jeweils für eine kurze Zeit auf dem Hellraumprojektor.

Morets Begrüssung fällt nur kurz aus. Es gelte jetzt weitere Schäden zu verhindern und das geschehene Unheil wiedergutzumachen. Über die Situation auf dem Brandplatz und die Folgen für den Agro-Bereich orientieren zwei Mitglieder der Konzernleitung.

Unter Punkt vier der Tagesordnung stehen dann die „Mitteilungen des Präsidenten" auf dem Programm. Nach den tragischen Ereignissen hätten ihn vor allem drei Punkte beschäftigt, führt der Präsident aus. Erstens der Vorwurf, Sandoz hätte aus Gewinnstreben an den nötigen Sicherheitsvorkehrungen gespart und damit Mensch und Umwelt gegenüber verantwortungslos gehandelt. Dabei hätten allein im Stammhaus die Umweltschutzaufwendungen in den letzten Jahren um 80% zugenommen, während in dieser Zeit sich der Umsatz nur um 30% erhöhte. Zweitens habe man ihm den Vorwurf gemacht, er stelle sich dem Dialog nicht. Aber seine Prioritäten hätten in den ersten Tagen in der Zentrale und nicht beim

SANDOZ

Fernsehen und in der Presse gelegen. „Zudem haben wir zu jedem Zeitpunkt alles, was wir wussten, und nur was wir wussten, der Öffentlichkeit mitgeteilt." Und zum dritten beschäftige ihn ganz besonders die Zukunft. Im Rahmen der Bewältigung der materiellen und immateriellen Schäden liege der Sandoz die Wiedergesundung des Rheins besonders am Herzen. „Unser finanzieller Beitrag dazu wird beträchtlich sein." Und schliesslich soll mit Hilfe einer unabhängigen Expertenkommission auch die Vertrauensbasis in der Öffentlichkeit neu gebildet werden.

Soweit der Präsident. Jetzt darf gefragt werden. Wie ein Dirigent auf seinem Podest gibt Moret die Einsätze sowohl für die Medienleute wie auch für seine Direktoren. Er selbst fügt den Antworten selten eine Bemerkung hinzu. Nur einmal holt er länger aus: „Ohne Chemie ist unsere Umwelt undenkbar. Ob die Chemie zu weit gegangen ist, das glaube ich nicht. Aber wie die Chemie sich für die Zukunft zu organisieren oder zu verbessern hat, das ist das Problem. Eine bessere Chemie, das ist unser Ziel. Wir haben für die Zukunft phantastische Möglichkeiten. Die Beziehungen zu der Bevölkerung müssen wir neu überdenken. Es wird nie mehr dasselbe sein wie vor Schweizerhalle."

Dann, nach etwas mehr als eineinhalb Stunden, hat Marc Moret genug. Obwohl sich noch viele Hände aufstrecken, lässt er nur noch zwei Fragen zu und beendet seinen Auftritt so kühl, distanziert und trocken, wie er ihn begonnen hat.

Peter Burri

„Es wird nie mehr sein wie vor Schweizerhalle

Erinnerungen eines Chemiekindes

Hie Basel, hie Rheinhafen, Grenzen, Kultur und Chemie. „Das goldene Tor zur Schweiz", stand in den Schulbüchern. Industriefleiss, Handel und Humanismus. „In Basel fängt der Urlaub an", konnte man deutsche Touristen sagen hören, wenn sie beim – damaligen – Ende der Autobahn in der heilen Schweiz ankamen. Stolz floss der Rhein durchs Zentrum dieser alten, stolzen Stadt, vom Münsterhügel nach Norden gebogen; am Rheinknie wurde dieser Fluss zum Strom, vom Rheinknie drängte er mächtig und neugierig, schien es, dem Meer zu.

Nicht nur die Münstertürme, sondern auch die weissen Schlote und Hochhäuser der Chemie waren das Wahrzeichen dieser Stadt. Touristen, die Basel von der Pfalzterrasse in den Sucher ihrer Kameras nahmen, konnten lange suchen: Die Chemie war immer auf dem Bild.

Sie gehörte auch immer zu unserem Bild dieser Stadt; die „Chemischen" waren etwas so Selbstverständliches wie Münster, Bahnhof, Mustermesse, Kunstmuseum, Rathaus und Rheinkähne. Wir wussten, es geht uns gut – gerade auch dank der Chemie. Bis zum 1. November 1986 und bis zu den Reaktionen der Sandoz-Verantwortlichen in den Wochen danach haben wir sie nie als Bedrohung empfunden, nicht einmal – wie Gäste, die zu uns zu Besuch kamen – als ein notwendiges Übel, sondern als Heimat. Geruchsimmissionen, die je nach Wetterlage über der Stadt hingen, gehörten dazu; wir nannten sie liebevoll „das Chemie-Gschmäckli" oder „L'Air du temps". Hin und wieder barsten an einem der Produktionsgebäude die Scheiben, knallte es, gab es Zwischenfälle; auch Verletzte, gar Tote hat es schon gegeben. Wir wussten: Wer mit chemischen Stoffen hantiert, geht ein Risiko ein. Doch dieses Risiko blieb immer laborbezogen, blieb ein internes. Was die Chemiker mit ihren Laborantinnen und Laboranten in ihren Experimentierküchen zusammenbrauten, war schliesslich zum Wohle der Menschheit – hier bei uns und in fernen Ländern. Befiel uns in den Ferien am Meer ein Unwohlsein und händigte uns der Apotheker dann ein Produkt unserer „Chemischen" aus, waren wir insgeheim stolz.

Wann war das? Gewiss nicht am Vorabend zum Allerheiligenmorgen von 1986. Vielleicht in den sechziger Jahren. Da waren wir in Basel und Umgebung eine einzige fröhliche, prosperierende Chemiefamilie, in der es selbstverständlich auch Konflikte ab – aber eben: Familienkräche. Denn eigentlich ging es allen gut: nicht nur den „Chemiebaronen", sondern auch den übrigen Angestellten und den Arbeitern – freilich im Rahmen einer klar gegliederten Familienhierarchie. Und gut ging es auch den andern, deren Wohlstand nur indirekt von der Basler Chemie profitierte.

Es geht uns heute noch gut, doch wir haben ein anderes Gefühl dabei. Nicht einfach nur, weil wir „Schweizerhalle" – um den Preis eines toten Rheins – überlebt haben; nicht einfach nur, weil wir noch einmal davongekommen sind, wie wir am 1. November nach Stunden der Angst realisierten. Wir haben auch ein anderes Gefühl, weil sich bestätigt hat, was wir schon lange wussten, mindestens ahnten, aber erfolgreich verdrängen konnten: dass wir – auch hier in Basel – auf einem Pulverfass sitzen. Dass wir ein Kollektiv von Zauberlehrlingen sind, das bis anhin geglaubt hat, dass schon jemand den Besen im Griff hat.

Bhopal: Wir waren entsetzt. Wir spürten, so fern uns diese Katastrophe mit 2000 Todesopfern geographisch lag, dass sie mit uns, gerade auch mit uns, zu tun hatte. Von unseren Behörden liessen wir uns versichern, dass so etwas bei uns nicht möglich wäre. Union

Carbide, das war etwas anderes, das war weder Sandoz, Ciba-Geigy noch Roche.

Aber war da nicht schon einmal was? Seveso. Exakt zehn Jahre sind es nun her. Ein Grenzort zur Schweiz, aber doch schon in Italien gelegen. Die Dioxin-Katastrophe von Seveso haben wir insgeheim noch mit der Entschuldigung bewältigen können, dass es bei der italienischen Roche-Tochter Icmesa halt an Verantwortungsgefühl und Sicherheitsbestimmungen gefehlt hat. Italienisches „Laisser faire" ... Und schweigend, in einem moralischen Akt des Schweigens vor unserer eigenen Angst, haben wir hingenommen, dass der neue Superofen von Ciba-Geigy die Dioxinreste mitten in unserer Stadt mustergültig zu einem risikolosen Nichts verbrennt. Wir waren besorgt, aber hatten Vertrauen. Wir fühlten eine moralische Schuld. Einige von uns klagten in jener Zeit, als das Seveso-Restgift entsorgt wurde, über Reizbeschwerden. Sie klagten still, denn es waren vielleicht „nur" psychosomatische Reaktionen. Sie dachten an die verätzten Kinder von Seveso und vertrauten den Messungen von Ciba-Geigy.

Als die radioaktive Wolke aus Tschernobyl unseren Lebensraum streifte, konnten wir immer noch sagen: Zum Glück sind wir weit genug entfernt vom Katastrophenort – und vielleicht hilft uns dieses Unglück und Leid der *andern,* dass wir in Kaiseraugst kein Kernkraftwerk vor die Nase gesetzt bekommen.

Wir lebten und arbeiteten weiter, im Vertrauen auf unsere „Chemischen", im Vertrauen darauf, dass hier bei uns „so etwas" nie geschieht.

Es ist ja auch noch nie geschehen, auch am 1. November nicht. Einen bitteren Vorgeschmack aber haben wir nun bekommen. Einen Vorgestank. Doch auch die Bedrohung und Angst waren real. Wir wussten nicht, ob wir „Schweizerhalle" überleben würden – und wie, sofern wir nicht einfach schliefen, weil die Sirenen nur teilweise funktionierten.

Ich sass an jenem Morgen in meinem Häuschen, von dessen Dachzimmer ich das Leuchtschild „Ciba-Geigy" prangen sehe. Mein Häuschen ist mit Sandoz-Geld erworben: mit einer Erbschaft. Im Morgenmantel sass ich konfus und lethargisch zugleich am Frühstückstisch, hörte Radio, das Telefon ging – und ich dachte an meinen Vater.

Er war ein engagierter Diener seiner Firma, jahrzehntelang, bis er mit 60 Jahren auf ein Abstellgleis befördert wurde. Dann wurde er krank; auf die erste Hirnblutung, die „verhältnismässig" harmlos war, folgten in den nächsten zehn Jahren fünf andere, bis er starb, nachdem man ihn noch kaputt operiert hatte.

Dabei hatte er immer gesund gelebt, wie es viele Kaderleute unserer „Chemischen" tun: Er hatte nicht geraucht und kaum getrunken, er liebte die Natur, er war ein begeisterter Bergsteiger, später dann Wanderer; längst bevor das grössere Verbreitung fand, ernährten wir uns von biologischen Produkten; und wenn die Grippe umging, bekamen wir kein „Sandofebril", sondern Tropfen von der anthroposophischen Arlesheimer „Weleda". Wenn wir doch einmal starkes Chemiegeschütz brauchten, bekamen wir es mit Rabatt.

Mein Vater, der es vom Banklehrling zum Vizedirektor bei Sandoz gebracht hatte, war ein loyaler Mann. Obwohl er den Produkten der Chemie und der modernen Medizin misstraute, identifizierte er sich ein Leben lang mit seiner Firma. Er hatte seine Krisen: Als er den amerikanischen Bestseller „Der stumme Frühling" las, eines der ersten Bücher, das uns Anfang der sechziger Jahre – gewiss, etwas reisserisch – die Frage nach den globalen Folgen, nach der globalen Verantwortlichkeit unseres industriellen Tuns stellte, war er wochenlang nervös. Er diskutierte heftig mit Freunden und Kollegen. Manchmal frage ich mich, heute, ob er sich damit nicht unbeliebt machte.

Wenn ich Kritik übte an „seiner" Firma, an der Chemie, an unserer High-Tech-Gesellschaft, reagierte er, als würde ich ihn persönlich treffen wollen. Vielleicht war er verwirrt, weil ich auch seine Liebe zu Pfarrer Kneipp und Dr. Bircher-Brenner ähnlich in Frage stellte – wie auch sein häufiges Votum in Streitgesprächen, dass jeder selber für seine Gesundheit verantwortlich sei.

In den frühen Morgenstunden des 1. November ist vor meinem inneren Auge noch einmal Revue passiert, in welcher Schizophrenie wir hier in Basel aufgewachsen sind und leben. Seit jenem Morgen ist alles anders in dieser Stadt. Die Chemie will Lehren und Konsequenzen aus der Katastrophe ziehen: Produkte abbauen, die Quecksilber enthalten; die Forschung in Sachen biologischer Schädlingsbekämpfung vorantreiben. Mehr Sicherheit einrichten. Ich frage mich, ob das nur Alibi-Worte sind. In den ersten Stunden, ja Tagen nach „Schweizerhalle" sind solche Worte niemandem eingefallen. Erst als der Druck der internationalen Öffentlichkeit immer grösser wurde, als der erste Schock überstanden war; als das Argument, dass keine Menschen unmittelbar betroffen wurden, nicht mehr genügte, weil sich herausstellte, dass nun ein toter Rhein von Basel nach Norden fliesst.

Die Schizophrenie regiert Basel und seine Chemie seit Jahrzehnten. Und ich frage mich, ob sie heilbar ist. Ich schreibe diese Zeilen – unter dem Druck der Ereignisse – am frühen Morgen des 20. November 1986; es ist halb fünf; ich habe Radio DRS 3 eingeschaltet; der „Nachtclub"-Pop wird unterbrochen, ein Nachrichtensprecher meldet sich mit offizieller Stimme: „Hier eine Sondermeldung für die Bevölkerung in der Region Basel: Im Werk Schweizerhalle der Ciba-Geigy sind in den frühen Morgenstunden 300 Kilo Phenol entwichen. Schliessen Sie Ihre Türen und Fenster. Nach ersten Angaben von Ciba-Geigy ist die Gaswolke ungefährlich, aber sie kann zu Augenbrennen und Reizung der Schleimhäute führen."

Ich traue meinen Ohren und Augen nicht. Ich mache das Fenster auf: Tatsächlich, es stinkt entsetzlich, nur süsser als beim letzten Mal.

Hunde, die bellen, beissen nicht, ist mir beigebracht worden. Was stinkt, denke ich jetzt, muss ja nicht gleich gefährlich sein. In Schweizerhalle stinkt es jede Nacht, beim Vorbeifahren ist mir da auch schon Tränenreiz gekommen.

Ich dachte immer: Die wissen schon, was sie tun.

Nun halte ich mich fest am Gedanken, dass in der Stimmung nach „Schweizerhalle" jetzt nur ein sogenannter Routine- oder Bagatellunfall gemeldet wird, der zwar fürchterlich stinkt, aber früher trotzdem nur drei kleine Zeilen im nachhinein wert gewesen wäre. „Müde bin ich, geh' zur Ruh." Ergeben, was bleibt mir schon anderes übrig, lege ich mich ins Bett.

Nachtrag: „Eine bessere Chemie, das ist unser Ziel", hat Sandoz-Chef Marc Moret an der Pressekonferenz vom 21. November gesagt, und: „Die Beziehungen zur Bevölkerung müssen wir neu überdenken. Es wird nie mehr dasselbe sein wie vor Schweizerhalle." Inwiefern kann ich solchen Worten vertrauen, nachdem ich solange Vertrauen hatte? Das PR-Büro Farner aus Zürich, lese ich („Sonntagsblick" vom 23.11.86), ist von der Sandoz zugezogen worden, um ihren stockenden Verkehr mit der Öffentlichkeit in Gang zu bringen. Marc Moret hat gleichwohl recht, auch wenn sein Satz wohl von einem Ghostwriter stammt: „Es wird nie mehr dasselbe sein wie vor Schweizerhalle." Nur: Ob wir beide, Marc und ich, wohl dasselbe meinen?

„Sanfte Chemie" wird auf sich warten lassen

Gespräch mit Hanspeter Schelling, Chef der Agroforschung der Sandoz AG

Die Serie von Brandkatastrophen und Unfällen in der Basler Chemie-Industrie hat nicht nur die Bevölkerung tief verunsichert, sondern auch grundsätzliche Fragen über Zukunft und Wert dieses Industriezweiges aufgeworfen. Immer lauter wird die öffentliche Forderung nach einer umweltverträglichen „sanften Chemie". Die deutschen Grünen fordern eine „Entgiftung" der Produktionspalette. Doch die Chemie-Industrie warnt vor grossen Hoffnungen.

Herr Schelling, was ging in Ihnen vor, als Sie hörten, dass die Lagerhalle 956 in Muttenz brennt?

SCHELLING Als ich am Morgen gegen halb sechs die Sirenen hörte, dachte ich zuerst an Strahlen-Alarm. Als ich im Radio jedoch über den Brand informiert wurde, dachte ich zuerst an die Gefährdung der Umgebung durch mögliches Austreten toxischer Stoffe.

Die ganze Stadt Basel war übersät von „Mörder"-Sprayparolen. Fühlten Sie sich als Agro-Forschungschef getroffen?

SCHELLING Nein, es ist kein Mensch akut betroffen worden ...

... und die zahllosen Wassertiere im Rhein, die am ausgelaufenen Gift krepierten?

SCHELLING Ja, natürlich trifft zu, dass vor allem die Fische durch die Sekundärwirkung getroffen wurden.

Sind Sie nicht auch mitverantwortlich dafür, dass durch die Chemie-Produktion nicht oder schlecht abbaubare Gifte in Boden, Wasser und Luft – und somit in die Nahrungskette – gelangen?

SCHELLING Unsere Forschung hat zum Ziel, eben diese Risiken zu reduzieren oder zu eliminieren. Es wäre ja schön, wenn der Bauer sein Getreide pflanzen könnte, ohne dass er mit Schädlingen rechnen muss. Es gibt aber leider Probleme mit Krankheiten und Insekten, die auch Freude haben an den angebauten Nahrungsmitteln.

Aber in der Öffentlichkeit, die nichts von Chemie-Formeln und Reaktionen versteht, wächst doch spürbar die Angst vor einer globalen Vergiftung des ganzen Erdballs – auch durch Produktion und Anwendung chemischer Pflanzenschutzmittel.

SCHELLING Die Risiken waren schon immer bekannt. Doch dafür, dass wir genug zu essen haben, müssen wir unseren Preis zahlen. Dieser Preis besteht im Risiko, das alle Forscher meiner Branche zu minimieren versuchen. Im Gebiet des Pflanzenschutzes haben wir da auch schon gewaltige Fortschritte gemacht.

Weshalb geben Sie nicht offen zu, dass Sie vor allem nachfragegerecht produzieren, weil Ihre Firma vom Chemie-Geschäft lebt? So verkaufen Sie beispielsweise heute noch quecksilberhaltige Produkte, die Sie in der Schweiz nicht mehr vertreiben, in die Dritte Welt, wo weniger strenge Anforderungen an die Chemikalien gestellt werden.

SCHELLING Da habe ich keine Skrupel, denn da tauchen immer wieder Missverständnisse auf. Es werden in Dritt-Welt-Ländern gewisse Mittel – etwa gegen Baumwollschädlinge – verkauft, die in der Schweiz gar nicht gebraucht werden, weil wir hier keine Baumwolle anpflanzen. Was Quecksilber betrifft, wenden wir in der Schweiz eine neue Wundpaste an, die quecksilberfrei ist ...

... doch die veraltete Quecksilber-Paste wird in Dritt-Welt-Ländern noch verkauft.

SCHELLING Das ist nicht richtig: Diese Paste wird heute nicht mehr verkauft.

Weshalb profiliert sich Sandoz nicht schon längstens mit einem „Öko-Programm" auf breitester Ebene, das sich nachweislich als umweltverträglich, menschen-, tier- und pflanzengerecht herausstellt?

SCHELLING Es ist bereits eines unserer Hauptziele, ökologisch tragbare Produkte zu entwickeln. Doch die Forschung braucht viel Zeit. Wir arbeiten seit Jahren daran und werden auch noch Jahre daran arbeiten müssen, bis wir brauchbare Lösungen finden. Wenn wir heute an einem Produkt arbeiten, dann braucht es mindestens zehn Jahre, bis wir alle Vorschriften punkto Sicherheit, Toxikologie und Abbaubarkeit einhalten können. In der Zwischenzeit braucht der Farmer Mittel, um seine Probleme zu lösen.

Dabei nehmen Sie auch Vergiftungen in Kauf, weil Sie nachfragegerecht anbieten. Hauptsache, der Bauer erzielt einen Mehrertrag und ist damit zufrieden.

SCHELLING Das stimmt nicht. Wir bieten auch biologische und sanfte Mittel an – wo es geht.

Wie lange dauert es, bis die Basler Chemie-Industrie vollständig „ökologisiert" und für die Umwelt unproblematisch ist?

SCHELLING Ich bin nicht in der Lage, Prognosen abzugeben. Viele unserer Hoffnungen haben sich nicht in erfolgreiche Produkte umsetzen lassen.

Dann lassen Sie sich also auch durch die von „Schweizerhalle" ausgelöste öffentliche Skepsis nicht beeindrucken?

SCHELLING Alle Ereignisse – ob positive oder negative – haben einen gewissen Einfluss auf die Forschungsrichtungen. So hat man beispielsweise 1967 die Insektenhormone entdeckt, die in sehr niedrigen Dosen wirken. Die ganze Welt war euphorisch. Doch nach zehn Jahren fiel die ganze Begeisterung in sich zusammen, weil die Stoffe nur zu sehr begrenzten Wirkungen führten. Wir haben aber nicht aufgegeben und 1983 die Firma „Zoecon" in Palo Alto (Kalifornien) gekauft. Diese Firma ist auf Alternativen und „sanfte Chemie" spezialisiert.

Was bedeutet für Sie „sanfte Chemie"?

SCHELLING Ich verstehe darunter chemische Mittel, die das Verhalten von Schadinsekten beeinflussen oder deren Entwicklung unterbrechen.

Bei allen Deklamationen ist der Durchbruch in Richtung „sanfte Chemie" auf der Angebotsseite offensichtlich noch nicht erfolgt, zieht man den vergleichsweise weiterhin gigantischen Ausstoss an konventionellem Pflanzenschutz-Gift in Betracht.

SCHELLING Es existieren in der Tat relativ wenige Präparate und erst wenige Anwendungsmöglichkeiten. Wir haben auch grosse Rückschläge erlebt. Beispielsweise Pheromone haben einige erfolgreiche Anwendungen gegen Baumwollschädlinge.

Kann man davon ausgehen, dass an der Verkaufsfront eigentlich noch gar nichts „Sanftes" vorliegt? Ihre Perspektiven tönen jedenfalls nicht so optimistisch.

SCHELLING Mit den Juvenilhormonen haben wir ein sehr umweltverträgliches Mittel für Mückenlarven, die als Vektoren für Krankheiten wirken. Hier konnten wir Mittel, die früher Probleme boten, durch sanfte ersetzen. Auch das Rattenmittel, das wir in Muttenz gelagert hatten, ist ein hochaktiver Naturstoff, der ein synthetisches Präparat ersetzt. Dazu kommen unsere rein biologischen Mittel. Es handelt sich dabei um Erreger von Krankheiten bei den Schadinsekten. Wir waren die erste Firma, die 1975 ein biologisches Mittel auf Virus-Basis gegen Baumwollschädlinge registriert hat. Wir konnten dieses Mittel aber nicht befriedigend einführen, weil das Interesse auf der Anwenderseite zu klein war. Wir lancieren jetzt ein biologisches Mittel gegen die vor allem in der Elfenbeinküste verbreitete Fluss-Blindheit, die durch Kriebelmücken im Wasser übertragen wird.

Im Bereich des integrierten Pflanzenschutzes liegt doch ein enormes Entwicklungspotential.

SCHELLING Integrierter Pflanzenschutz ist die Zukunft, teilweise ist er auch bereits Gegenwart. Dabei werden gewisse Schäden in Kauf genommen und Massnahmen erst ergriffen, wenn der Schaden für den Anwender nicht mehr tragbar ist. Da sind wir spezialisiert für den Pflanzenschutz und das Saatgut.

Die Grünen im Deutschen Bundestag verlangen eine radikale „Entgiftung der chemischen Produktion". So sollen zum Beispiel chlorierte Lösungsmittel vollständig verschwinden. Kommt man ganz weg vom Gift?

SCHELLING Wir kommen sicher nicht weg von Substanzen, die giftige Nebenwirkungen haben. Bei chemischen Mitteln geht die Tendenz in Richtung Reduktion der Aufwandmengen. Da haben unsere neuen Mittel schon gewaltige Fortschritte gegenüber den älteren erzielt. Ausserdem versuchen wir die Abbauzeit zu verkürzen.

Wie wollen Sie Quecksilber abbauen?

SCHELLING Quecksilber ist in der Umwelt nicht abbaubar. Darum suchen wir nach Mitteln, die kein Quecksilber enthalten.

Die Grünen wollen die heutigen Pestizide generell aus dem Markt kippen und durch natürliche Wirkstoffe ersetzen.

SCHELLING Die heutige Form der Pestizide wird es auch in zwanzig Jahren mit Bestimmtheit noch geben. Der Fortschritt für Alternativen wird nicht so schnell gehen. Die chemischen Mittel sind heute noch das Rückgrat des Pflanzenschutzes, aber der Anteil wird laufend reduziert werden. Trotz Misserfolgen und Rückschlägen müssen wir in dieser Richtung arbeiten. So wollen wir Saatgut anbieten, das auf Krankheiten weniger anfällig, gegen Schadinsekten resistent ist und somit weniger Schutzmittel braucht.

Um auf diese Weise Krankheiten und Insektenfrass zu verhindern, müssen Sie zur Gen-Manipulation greifen. Da droht neues öffentliches Ungemach.

SCHELLING Die Resistenz wird ins Erbgut der Pflanze eingebracht. Da haben wir uns selbst Sicherheitsvorschriften auferlegt ...

... wie in Schweizerhalle auch ...

SCHELLING ... und es geht nichts in die freie Natur, das nicht auf Unbedenklichkeit hin geprüft ist.

Da könnte doch erneut eine Welle kritischen Bewusstseins entstehen, weil die Bevölkerung nicht mehr nachvollziehen kann, was am „Gen-Material", wie Sie es nennen, manipuliert wird.

SCHELLING Diese Angstwelle ist bereits da. Wir haben aber einen Ehrenkodex, der uns Handlungen verbietet, die wir vor dem eigenen Gewissen nicht verantworten können.

Besteht für Sie aufgrund der Katastrophe von Schweizerhalle ein Grund, den Sinn Ihrer Forschung prinzipiell zu überdenken?

SCHELLING Ich sehe keine dramatische Änderung unserer Forschungsrichtung.

Ihr höchster Konzernherr, Verwaltungsratspräsident Marc Moret, sprach von einer „Änderung der Produktepalette". Wie könnte so ein Ansatz im Bereich der Agrochemie aussehen?

SCHELLING Die Verbesserung der Saatgut-Resistenz und die biologische Insektizid-Forschung. Aber auch die Forschung an den chemischen Stoffen nach besserer Umweltverträglichkeit wird intensiviert werden nach der Devise: weniger Chemie, spezifischere Wirkung.

Herr Moret hat die Senkung der Produktion von Insektizid-Wirkstoffen um 60 Prozent in Schweizerhalle angekündigt. Das scheint kaum mehr als ein Zückerchen ohne Wirkung zu sein. Sandoz verkauft deshalb kein Gramm weniger Insektizide, weil der Wirkstoff einfach zugekauft wird.

SCHELLING Doch, ich erwarte, dass wir mit gewissen Präparaten den existierenden Bedarf nicht mehr decken können.

Doch die Pestizide von Schweizerhalle wird es weiter geben?

SCHELLING Das weiss ich nicht, das müssen Sie Herrn Moret fragen. Nach meiner Meinung haben diese Mittel ihren Wert: Sie werden gebraucht und verlangt.

Das Gespräch führte Peter Knechtli

„Faut-il brûler la Suisse?"
fragt Edgar Fasel

Unter dem Titel „Konsens statt Kritik" rezensiert die „Neue Zürcher Zeitung" (NZZ) am 18.1.1984 ein Buch, das „Faut-il brûler la Suisse?" heisst und von einem gewissen Edgar Fasel geschrieben wurde (Ed. Julliard, Paris und L'Age d'homme, Lausanne, 1983). Mit seinem „petit livre" will der Autor, so die NZZ, die Schweizer ermuntern, „sich angesichts des Destabilisierungsfeldzuges des Ostens ('im Namen der marxistischen Mythologie') zu wappnen". In seiner Rezension hält „rma." unter anderem weiter fest:

„Fasel stellt seinen Ausführungen ein Motto von Camus voran, das zum Handeln angesichts des drohenden gesellschaftlichen Zerfalls aufruft. Seinerseits interpretiert er dies dahingehend, dass zunächst die *Welt der Intellektuellen* und *diejenige der Produktion auszusöhnen* seien ..."

„Schliesslich will der Autor mit *Information* (nicht Propaganda) über die *Welt der Produktion* zu grösserem Konsens in unserer Gesellschaft beitragen. (Das bedeutet Kritik an den Massenmedien, dieser 'Vierten Gewalt', der er mehr Verantwortungsbewusstsein wünscht.) Seine Forderung verliert aber etwas an Eindringlichkeit, wenn er unpräzis meint, hinter den am Bundesrat beteiligten Parteien ständen 90 Prozent der Wähler. (Bei den Nationalratswahlen 1983 waren es deren 77,5.) Doch das gehört zu der etwas unkritisch beschönigenden Betrachtungsweise Fasels. (...) Wenn er die niedrige Stimmbeteiligung einen 'abus de la grâce de la liberté' nennt, so verrät er eher die (auch an andern Stellen sichtbare) religiöse Dimension seines politischen Weltbildes. Für die Vertreter einer alternativen Wirtschaftsordnung gar hat er nur Hohn und Spott übrig ('petite minorité d'esthèthes, de chimériques et de fanatiques')."

Zum Werdegang von Autor Fasel schreibt die NZZ: „Von der

Parteiarbeit für die CVP herkommend, hat er wichtige Stabsstellen beim Bund und in der Privatindustrie (Nestlé) innegehabt."

An wichtigem Posten sitzt Fasel auch am 1. November 1986: bei der Firma Sandoz. Als deren Pressesprecher gibt er am 12. November über Radio DRS bekannt, das Unglück von Schweizerhalle sei von den Medien aufgebauscht worden, und verweist auf Gott. Angesprochen auf das Papier der „Zürich"-Versicherung, das die Katastrophe von Schweizerhalle schon 1981 voraussagte, erklärt Fasel, von diesem Papier werde nach der Sandoz-Pressekonferenz vom 13. November kein Mensch mehr sprechen. An besagter Pressekonferenz muss der Konzern zugeben, dass er vom Inhalt dieses Papiers, jedenfalls „mündlich", unterrichtet war.

Ob man die Schweiz anzünden muss, ist tatsächlich nicht nur eine Fasel-Frage. Die andere Frage ist, ob man die Schweiz, wenn sie brennt, mit frommen Sprüchen und Desinformation löschen soll.

(P.B.)

Savoir *vivre*

Ein Magazin der Basler Zeitung Nr. 1 — *Herbst/Winter 1986* — *86 Seiten*

Saumon à la Bâloise

Beliebt war er immer und auch teuer – der silberne Salmo salar.

imh. Nein, dieses wundersame Gesetz hat es nie gegeben. Wenn es früher wirklich verboten war, der Dienerschaft mehr als dreimal pro Woche Lachs aufzutischen, so müssen das herrliche Zeiten gewesen sein. Das waren sie aber nie, denn – wie geschrieben – den Löwenanteil an Lachsen fischten stets die Holländer aus dem Rhein. Zudem war Lachs schon immer eine begehrte Delikatesse, die auch ihren Preis hatte – im Jahr 1473 soviel wie fünfzehn Säcke Roggen. Es gibt auch keine Beweise für diese Vorschrift – nicht einmal der Stadthistoriker Eugen A. Meier hat urkundliche Hinweise finden können.

Bekannt und belegt ist hingegen der Saumon à la Bâloise, der Lachs nach Basler Art. Diese Spezialität wird heute im Zeitalter der leichten Küche nicht mehr all zu oft angeboten. Die Zubereitung ist einfach. Hier das Rezept, wie es 1891 an der Schweizerischen Fischerei-Ausstellung in Basel empfohlen wurde: «Der Fisch wird in fingerdicke Scheiben geschnitten, mit einem trockenen Tuche sauber abgeputzt (nicht gewaschen und nicht in Wasser gelegt) und mit Pfeffer und Salz eingerieben. Dann lässt man die Scheiben in einer Omelettenpfanne in hellbrauner Butter auf einer Seite gelb werden, kehrt sie um, gibt zugleich in Würfel geschnittene Zwiebeln hinzu und lässt beides gelb werden. Wenn der Fisch gar ist (was man am besten sieht, wenn sich das Fleisch leicht von den Gräten löst) nimmt man ihn heraus, lässt die Zwiebeln mit etwas Fleischbrühe noch 5 Minuten kochen und gibt sie über den angerichteten Fisch.»

Es gibt kaum mehr Restaurants in Basel, die Saumon à la Bâloise auf der Karte anbieten. Auf Wunsch hingegen wird der Basler Lachs gerne serviert – falls vorhanden. Die meisten Köche halten sich ans alte Rezept, schneiden die Zwiebeln vielleicht in Ringe statt in Würfel oder bestäuben die Tranchen mit etwas Mehl. Der echte Basler Lachs wird ja in Scheiben, das heisst mit Haut und Gräten, serviert. Heute allerdings, so Hans Stucki vom Restaurant Bruderholz, «verlangen die Gäste den Fisch filettiert.» Stucki offeriert keinen Basler Lachs, aber manchmal andere Fische à la Bâloise. Fische, «die sich besser eignen, weil der Lachs beim Braten schnell austrocknet.» Beispielsweise Trüsche (Lotte) oder Steinbutt (Turbot). Überhaupt, einen Rheinfisch hat Stucki noch nie seiner verwöhnten Clientel anbieten können, «aber einen wilden Basler Lachs würde ich sofort auf die Karte setzen, wenn er sauber ist.»

Zuerst aber müsste einer den Weg nach Basel finden. Erst dann würde sich die Frage stellen, wie denn sein Fleisch die Reise durch das Rheinwasser überstanden hat. Doch es gibt ja noch andere Rheinfische, die sich in den letzten Jahren wieder eingefunden haben: Bach- und Regenbogenforellen, Aeschen, Hechte, Zander, Barsche (Egli), Karpfen, Schleien, Nasen, Barben, Alet, Rotaugen und Rotfedern, Aale, Trüschen und andere.

Beilage der „Basler Zeitung", 11. November 1986.

Eines Morgens wachst du auf und alles ist anders

„Kann mir im übrigen einer erklären, warum Marc Moret, der Chef der Sandoz, nicht in Untersuchungshaft sitzt? Wenn er für sein Büsi eine Büchse Kittikät geklaut hätte, hätte er jetzt sicher die Polizei am Hals."

Urs Widmer in seiner Kolumne, „Schweizer Illustrierte", 1.12.1986

Hansjörg Schneider

Die Aale wollen an Land

Weisse Möwen kreisen über dem Fluss. Sie sehen seltsam geputzt aus an diesem trüben Herbsttag, klinisch sauber wie Krankenschwestern im Spital. Hin und wieder setzt sich eine aufs Wasser und zerrt an einem grossen Fisch, der mit dem Bauch nach oben abwärts treibt.

Obschon laut Radiomeldungen das Unglück weiter oben schon seit gut zehn Stunden behoben ist, schimmert das Wasser noch immer rot. Auch der Gestank ist noch da, der die Bevölkerung nachts aus dem Schlaf gerissen hat. Er hängt in der Luft, er drückt in die Lunge, er erinnert an Tod.

Unten auf dem Treidelweg, dicht über dem Wasser, steht ein Junge. Neben sich hat er einen grünen Plastikkessel. Er blickt ins Wasser, er bewegt sich nicht.

Ich gehe hinunter und schaue in den Kessel. Wasser liegt darin, sonst nichts. Ich schaue den Jungen an. Er wird um die 15 sein, er hat rotes Haar und Sommersprossen. In den Händen hält er zwei Äste, die er vom nahen Haselbusch gebrochen hat. Er sieht hinunter auf die Sandbank, die sich zu unseren Füssen der Ufermauer entlangzieht.

Da unten sind sie, sagt er plötzlich, ein gutes Dutzend. Sie wollen an Land kommen, aber sie können nicht wegen der Mauer.

Ich schaue hinunter ins Wasser und sehe Aale, die gewunden im Sand liegen und sich an die Mauer schmiegen, die sie nicht überwinden können. Zwei zeigen ihre Bäuche. Das Gift hat sie getötet.

Aale sind zäh, sagt der Junge und schaut mich aus hellen Augen an. Sie sterben langsam. Die Aeschen sind feiner, die sind schon tot. Die da unten sind jung. Sie wollen flüchten, sie könnten an Land überleben. Aber sie schaffen es nicht.

Er kniet nieder und streckt die beiden Äste ins Wasser. Man sieht, wie er damit einen Aal packt, wie er ihn durch das Wasser hochzieht und an die Luft heben will. Knapp über dem Wasser schnellt das sich ringelnde Tier weg und fällt in den Fluss zurück.

So geht es jedes Mal, sagt der Junge. Sie wollen sich nicht helfen lassen. Im Gegenteil, ich erschrecke sie. Einige sind schon zurückgeschwommen ins tiefe Wasser, nachdem ich sie berührt hatte. Sie verstehen mich nicht. Ich würde sie in diesen Kübel fallen lassen, sagt er, und nach Hause nehmen ins saubere Wasser. Ich wohne gleich da oben. Und wenn der Fluss wieder sauber ist, würde ich sie wieder aussetzen.

Jetzt weint er fast. Ich sehe, dass er grosse Angst hat. Ich bin kein Pessimist, sagt er, sondern im Grunde ein Optimist. Aber so kann man doch nicht leben. Warum unternimmt niemand etwas?

Ich zucke die Achseln und schaue hinüber ans andere Ufer. Dort sind zwei Schwäne zu sehen, weiss wie die Möwen, sauber geputzt und wohl behütet vom flaumigen Gefieder. Sie schwimmen langsam flussaufwärts, einer hinter dem andern, vermutlich ein Paar, und alle paar Meter stecken sie den Kopf ins rötlich schimmernde Wasser, um auf dem Grund nach Essbarem zu suchen.

Gilli Stampa

Stimmungsbilder

Inneres Bild
Ich will schreien. Ich will mich entladen. Mein eigenes Alarmvermögen hörbar machen. Mein Wunsch – Millionen von Menschen würden mit ihren Stimmen laut in diesen Alarm einstimmen. Unüberhörbar. Ohnmacht? Nein!

Inneres Bild
Eine Stadt mit Menschen anonymisiert mit Gasmasken. Kleinkinder könnten darin sowieso nicht atmen. Was für ein Schreck, als kleiner Mensch plötzlich eine Maske auf das Gesicht gedrückt zu bekommen.

Eine tote Stadt also.

Tatsachen
Eine Stadt mit Menschen, die sich gegenseitig telefonieren, um zu warnen, und sich mitteilen: Du bist mir wichtig.

Tatsachen
Männer aus Politik und Wirtschaft, die ohne Regung ihre vorbereiteten stereotypen Antworten geben. Ein Code-Wort wird erfunden: Ereignis. Sie spielen: entschlossene Politiker, alles im Griff habende Manager. Sie lügen. Sie verdrängen.

Inneres Bild
Diese Männer weinen. Sind verzweifelt. Sind hilflos. Sie sagen: Es ist eine furchtbare Katastrophe. Wir sind ausgeliefert. Wir haben euch keinen Schutz gewähren können. Wir haben das Geld dafür nicht ausgeben wollen.

Wir haben tatsächlich das Leben vergessen.

Tatsachen

Ein toter Fluss. Nur das giftige Wasser als Element fliesst noch. Ein symbolischer Fluss. Ein verachteter Fluss. Verachtete Fische. Verachtete Menschen.

Tatsachen

Diese Männer sagen: mehr Sicherheit jetzt, bessere Sirenen. Grössere Auffangbecken. Kontrolle. Über wen?

Bunker. Schon beim Aussprechen stellt sich Dumpfheit ein. Bunker. Besprechen. Analysieren. Versicherung. Schadenersatz.

Diese Männer sagen: Lieferverträge, Arbeitsplätze, sonst Verlegung Dritte Welt, du dummes Volk du.

Inneres Bild

Wir legen jegliche Arbeit nieder.

Inneres Bild

Diese Männer sagen: Wir schämen uns für die eiskalten Nachlässigkeiten, die wir hier und in der Dritten Welt schon begangen haben. Wir wollen von nun an in Achtung vor jeglichem Leben unser Wissen einsetzen.

Wir wollen ein Zeichen setzen. Jetzt. Hier. Heute. Sofort.

Inneres Bild

Wo liegt meine Schuld. Unwissenheit, Gleichgültigkeit, Vertrauen, Verdrängen.

Tatsachen

Die Menschen reden miteinander. Schauen den Tatsachen ins Auge. Belügen sich nicht. Handeln. Hier und jetzt.

Ursula Stingelin

Eines Morgens wachst du auf und alles ist anders

„Das kann bei uns nie geschehen."

Diesen Satz wollen wir in unseren Medien nie mehr hören oder lesen. Dadurch wird der Teufel an die Wand gemalt! Diese beschwörende Herausforderung stinkt bestialisch.

Du sollst nicht lügen, wird uns gelehrt.

Lehrerinnen und Lehrer sollten jeden Tag mit ihren Schülern verschiedene Zeitungen zu einem Thema lesen und diskutieren. So lernen schon die Kleinsten, dass Wahrheit ein dehnbarer Begriff ist.

In unserem Kanton leben (noch) 104'198 Frauen und 92'234 Männer. Stimm- und wahlberechtigt sind 76'043 Frauen und 58'175 Männer (Kanton Basel-Stadt ohne Bettingen).

Wann endlich lernen wir Frauen, uns als gleichwertiges Potential darzustellen? Braucht es zur Bewusstwerdung immer eine Katastrophe?

Wir müssen unabhängig von unseren Nächsten aufstehen und unsere Meinung kundtun, scheint sie uns noch so banal; lernen, Fakten zu vergleichen, falsche Zwischentöne herauszuhören.

Mit Stimmabstinenz und Rückzug ins Private, mit der „Wir-können-ja-doch-nichts-ändern-Haltung" geben wir denen die Stimme, die wir gar nicht wollen. Besonders heute.

Schweigen macht schuldig. Durch Bequemlichkeit werden wir zu Mitläufern.

Adolf Muschg

Wille zum Widerstand

Für die neueste Giftwolke, die heute über Basel zieht, beginnen einem allmählich die Worte auszugehen. Oder soll es ein Trost sein, dass wir uns mit dieser Sprachlosigkeit immer noch ganz unten auf der Skala des Möglichen, der möglichen Katastrophen befinden? Dass auch die neueste Phenolwolke noch kein GAU ist, und ein GAU, wenn er doch kommt, noch lange kein Super-GAU? Ist die reflexartige Versicherung, der gesundheitliche Schaden sei begrenzt – auch wenn die Grenzen zur Zeit leider niemand ermessen kann – eine Gewohnheit, an die wir uns gewöhnen müssen? Erleichtert es den Fall, dass er diesmal nicht auf ungenügende Sicherheitsvorkehren, sondern – wie Tschernobyl – „nur" auf menschliches Versagen zurückgeführt wird? Ist es ein mildernder Umstand, dass wir, auf dem Niveau unserer Technologie, nicht mehr versagen dürfen? Oder könnten uns Saboteure – wenn es sie denn gibt – noch einmal die Zuversicht verschaffen, mit der Elimination bösen Willens sei unser Fall gelöst?

Aber inzwischen beginnt auch dem letzten Liebhaber von Feindbildern zu dämmern, dass es keiner Verschwörung bedarf, um unsere Zivilisation zu vergiften – der gute, der beste Wille aller an ihr Beteiligten genügt durchaus. Das hochstehende, aber herrenlose Produkt des besten Willens (zur Maximierung, Optimierung, Rationalisierung) ist vernunftlos, explosiv, zur Zeitbombe geworden, die jede Bewegung – keineswegs nur die unbedachte – schärfen kann, und die umgekehrt offenbar durch keinen Aufwand starker Worte und gezielter Massnahmen zu entschärfen ist. Wolfgang Hildesheimer hat es am Fernsehen gesagt: Wie haben wir jemals erwarten können, dass es *nicht* geschieht?

Neben dieser Frage verstummt die naive: wie es hat geschehen, schon wieder geschehen können? Die wirkliche Frage richtet sich nicht an die Basler Chemie oder die Atomwirtschaft, sondern an die Verblendung derer, die den Totalen Konsum wollen, die lückenlose Versorgung, und dann fassungslos stehen vor ihrem Preis. Unsere Zivilisation gleicht einem Akrobaten, der auf seinem hohen Seil die Natur besiegt zu haben glaubt, aber die Gleichgewichtsstörung in seinem Ohr nicht feststellen kann. Wenn wir ihn dann den Absturz ein „Restrisiko" nennen hören, wissen wir, dass er auch noch den Verstand verloren hat. Wir würden seinen Aufstieg auf den Turm hoffentlich zu verhindern suchen. Was aber fangen wir mit einer Konstruktion an, in die wir selbst so unlösbar eingebaut sind, dass wir sie als absoluten Sachzwang erleben? Oder müssen wir uns mit dem Alptraum befreunden, dass wir Verbrauchsmaterial in einem Kalkül sind, das mit Katastrophen *rechnet;* das sie längst einprogrammiert hat als unvermeidlichen Abfall eines unvermeidlichen Fortschritts? Geht es nur noch darum, die katastrophalen *Wirkungen* dieses Prozesses – pharmazeutisch gesprochen – als „Nebenwirkungen" zu verkaufen?

Sie ist der Sprache der Vertuscher längst anzumerken, die Tendenz, dem Schrecken die Spitze zu brechen, ihn ein wenig gewöhnlich, gewohnheitsmässig erscheinen zu lassen – zum Beispiel in der Aufrechnung der Verkehrstoten (die wir ja auch in Kauf nähmen) gegen die Toten, die es in Basel ja nicht gegeben habe – wenn man die Fische abrechnet. Und wenn es nächstes Mal leider doch Tote geben wird, sind es ja vielleicht immer noch weniger, als im Golfkrieg zugrundegehen. Kann man von einer Gesellschaft, die gut leben will, nicht auch ein wenig Opferbereitschaft und sportliche Härte verlangen?

Der Gewöhnungseffekt gegen Katastrophen: ja, es ist zu fürchten, dass man sich auf ihn verlassen kann. Und wir brauchen hinter denen, die dazu ermutigen, nicht einmal eine teuflische Verschwörung anzunehmen. Es ist leider viel schlimmer und hoffnungsloser. Denn die Basler Chemie, die Atomwirtschaft sind ja weder böser noch inhumaner als die Ansprüche, die allgemeinen Erwartungen, die sie bedient haben und – bis zur nächsten Katastrophe – treulich weiter bedienen. Die Industrie empört sich mit Recht gegen die Zumutung, sie müsse dem Markt etwas ganz anderes liefern, als er dringend verlangt. Wir können den Anbieter nicht gut zum Sündenbock für die Nachfrage machen – *unserer* täglichen Nachfrage, die zwar immer mehr Gift verlangt, aber es erst beim Namen nennt, wenn es aus einem undichten Kessel austritt und als Wolke am Himmel erscheint. Das Erschrecken derer, die ihre eigenen Giftbedürfnisse, ihre Sucht nach *mehr* Energie, *mehr* vom Gleichen, *mehr* von Allem immer noch harmlos finden wollen – dieser Schock wird zur Heuchelei, wenn er sich am Ende darin erschöpft, von der Industrie nichts weiter als bessere Auffangbecken, eine effizientere Feuerwehr, kurzum: wieder reibungslose Befriedigung der Suchtbedürfnisse zu verlangen. Haben wir jetzt nichts Dringenderes von uns zu verlangen – zuerst von *uns,* dann erst von der Industrie? Dann kann die Prognose für die Zukunft unserer Zivilisation nur finster lauten. Oder: wo soll die Politik, wo sollen die Politiker herkommen, die den Mut haben, einer suchtkranken Gesellschaft das einzige zu verschreiben, was ihr helfen kann: Entzug?

Ich *sehe* eine Hoffnung: dass der Schreck, der uns in die Glieder gefahren ist, sich weigert, abzuklingen und zur Tagesordnung überzugehen; denn es ist ein heilsamer Schreck, tief erschrockener Lebensmut und Lebenswille, Wille zum Widerstand und zum politischen Erwachen; ich sehe keine andere Hoffnung. Und es wäre entsetzlich, wenn sie der nächsten Katastrophe bedürfte, um politisch aufzustehen gegen den fortgesetzten Mord an uns selbst.

Joachim Rittmeyer

Und jetzt

Ein leidenschaftlicher Velofahrer wird von einem Lastwagen angefahren und verletzt. Er hätte geradezu tot sein können. Der Lastwagen ist weitergefahren. Wie sieht das Leben dieses Velofahrers fortan aus? Er kann das Velofahren aufgeben, er kann den Verkehr grundsätzlich meiden oder er kann sich einen eigenen Lastwagen anschaffen.

Mein Standpunkt kann nur heissen: Wenn er ein überzeugter Velofahrer ist, radelt er auch nach dem Unfall weiter. Und vielleicht ist das Velofahren für ihn noch lustvoller geworden, weil er sich jetzt der Gefahren besser bewusst ist. So ungefähr sehe ich mich als Künstler und Kabarettist nach der Giftkatastrophe in Basel.

Das Wesen der Kunst besteht für mich im Sehen und Voraussehen des menschlichen Daseins – und naturgemäss schliesst das die Gefahren mit ein. Jemand hat Künstler einmal mit Seismographen verglichen. Und sie sind eben dann am wichtigsten, wenn das Ereignis, das Unglück, noch nicht eingetreten ist. Wenn die Katastrophe stattgefunden hat – und wir befinden uns zurzeit in einer Phase, da sie stattfindet (vielleicht war Basel nur die Hauptprobe, und die Premiere steht noch bevor) –, verliert der Künstler seine Funktion als Seismograph. Ich jedenfalls fühle mich in dieser Eigenschaft überflüssig. Dabei denke ich etwa an meine Kabarettnummer „Der Katastrophenredaktor", die ich vor fünf Jahren geschrieben habe (ein Radiosprecher erklärt den Hörern, wie sie sich im Ernstfall zu verhalten haben. Anm. der Hrsg.). Die Wirklichkeit hat diesen Text am Samstagmorgen, 1. November, eingeholt; er ist nicht mehr spielbar, nicht mehr steigerbar. Nun kann ich mir vorstellen, dass ich mich als Künstler absichtlich anderen Themen zuwende, den lösbaren Problemen zum Beispiel, die mich direkt etwas angehen und auf die ich auch noch einwirken kann.

Ich habe bestimmt nicht den Ehrgeiz, über das Unglück in Basel sofort eine Kabarettnummer zu schreiben; es wäre absolut lächerlich, diese Katastrophe nun möglichst böse und aggressiv in einem Text oder Lied abzuhandeln, auf Sündenböcke zu zeigen und dann noch zu glauben, damit sei die Sache erledigt. Wir sind doch da alle irgendwie verhängt und insofern auch mitverantwortlich; die Problematik muss man weiterfassen, tiefer umstechen, den Boden für solche Ereignisse behandeln. Aber das braucht Zeit.

Ich glaube, mein Schaffen wird durch Vorkommnisse wie die Giftkatastrophe entschlackt, befreit von Unwesentlichem; ich werde radikaler, auch in Richtung Lebensbejahung. Lebensbejahung ist doch das einzige, was uns noch bleibt. Und ich kann mir vorstellen, dass generell das Kulturschaffen durch die Auseinandersetzung mit so existentiellen Fragen, wie sie uns heute immer dringlicher gestellt werden, an Substanz gewinnt, wesentlicher wird und an Banalität verliert.

Tadeus Pfeifer

Zuhaus als Maus. In der Falle.

Es war ein heiteres, harmonisches und gediegenes Fest gewesen. Der 1. November 1986 war anderthalb Stunden alt, als ich in ein Taxi stieg. Der Fahrer hatte das Radio eingeschaltet und berichtete von 30 Meter hohen Feuerwänden, an denen er soeben vorbeigefahren sei. Ich stellte mir das schön vor und bedauerte, dass ich zu wenig Geld besass, um ihn den Schlenker über die Autobahn machen zu lassen. Im Autoradio entschädigte mich der anregende Bericht des Lokalsenders und daheim ein Rest Cognac übers Verpasste hinweg, dann öffnete ich die Balkontür und schlief ein.

Zwei Stunden später weckte mich ein Freund per Telefon. Ich habe nie zuvor eine Ausnüchterung erlebt, die fünf Minuten dauerte.

*

Gasmasken, grasgrüne Gasmasken
Backen den Kuchen, das Brot,
Verkaufen die ruchbare Milch.

Gasmasken, grasgrüne Gasmasken
Beschweren sich bei der Behörde
Und widmen sich dicke Pamphlete.

Gasmasken, grasgrüne Gasmasken
Küssen sich sanft, und erzeugen
Gasmasken, grasgrüne Gasmasken.

– schrieb Frank Geerk Mitte der siebziger Jahre, und ich fand das spröde Gedicht etwas aufdringlich. Die Tatsächlichkeit ist immer aufdringlich. Gibt es einen poetischen Entwurf, den sie nicht überholt? Schliesslich ist heute zwei Jahre später als „1984", und im aktuellen Augenblick kann man den totalitären Staat durchaus metaphorisch begreifen für die totalisierte Industriegesellschaft. Aber das sind Gedanken nachher, Gedanken „nach" der Vision Frank Geerks oder Orwells, Gedanken, die nur noch aufholen und nichts mehr bewirken, unnütze Gedanken.

*

Unnütz? Was ist im Moment der chemischen Brandnacht nützlich? Kaffee, noch wird kein Trinkwasser verseucht sein! Unterdessen, bis ich einigermassen funktioniere, rückt der Weckerzeiger auf viertel nach vier, halb fünf. Ich rufe meine Mutter an, meinen Bruder: Sie könnten bald nicht mehr leben.

Vor genau einem Jahr war ich in Bhopal. Nicht der Union-Carbide-Katastrophe wegen, nein, auch die Stadt Bhopal, die die Hauptstadt des grössten indischen Bundeslandes ist, Madhya Pradesh, lebt schlicht und einfach weiter – und sogar ihr kulturelles Leben. Ich war „privat" in Bhopal. Das Hotel besass einen wundervollen Patio, in dem der Oleander überquoll. Gerade beging die arme Stadt den 1. Jahrestag des Dramas, und das Hotel war proppenvoll von ausländischen Reportern. Es ekelte mich vor ihnen; ich sah sie in die Slums gehen und sterbende Arbeiter interviewen und zurückkommen und Gin-Tonic trinken zwischen den Oleandern, und ich schämte mich vor meinen indischen Freunden. Ich war eingebildet. Ich war gesund.

In der halben Stunde zwischen vier Uhr morgens und vier Uhr dreissig am 1. November 1986 erinnerte ich mich an eine gesichtslose Masse von Menschen, die ich vor Jahresfrist in Bhopal gesehen hatte, und ich erinnerte mich an die *exotische* Feststellung, dass durchschnittlich jeder dritte an Atembeschwerden litt (ein Jahr „danach"): Hotelpersonal, Rikschafahrer, Lehrer, Künstler, Kaufleute, Schauspieler, Schriftsteller, Bettler, Polizisten, Politiker. Von den Toten sah ich ja nichts mehr. Es war wirklich befremdlich; es war fremd.

Ich erinnerte mich, wie ich scheu, verschämt, das Eingangstor der stillgelegten Fabrik fotografierte. Ich erinnerte mich, wie ich mich kaum getraute, mich umzudrehen, um die erste Barackenzeile der beginnenden Slums auf der gegenüberliegenden Strassenseite zu knipsen, wo die Todesopfer vornehmlich wohnten – und wohnen.

Was macht man allein in seiner mitteleuropäischen Wohnung, wenn es stinkt? Die Fenster sind geschlossen, die Rollos heruntergelassen. Aber es stinkt, und man weiss, das ist kein menschlicher Gestank, sondern ein vielleicht tödlicher, und trotzdem muss man Atem holen und weiss, solange man atmet, lebt man, und jedes Atemholen kann verätzte Lungen bedeuten (noch denkt *hoffentlich* keiner daran, dass Schnaufen auch Wahnsinn bedeuten könnte, Nervengas, das ist etwas für den Ersten Weltkrieg oder den Irak, noch denkt, *hoffentlich,* niemand an Lieferfristen).

Ich fange an, systematisch zu telefonieren, rufe mein privates Nummernverzeichnis alphabetisch ab. Manche Nummern stelle ich nicht ein.

*

Es war eine Situation, ganz auf das Diesseitige und Praktische konzentriert, was mich höchst verblüffte; ich hätte angenommen, im Moment denkbar tödlicher Gefahr würde ich mich verstärkt aufs Seelische einlassen, auf den Tod eben, vielleicht auf religiöse oder religionsphilosophische Themen. Eines war mir völlig klar: die Kollektivität des Erfahrens. Ein dringlicher Wunsch blieb, die Erfahrung so individuell als möglich zu erleben. Ich versuchte zu lachen. Ich versuchte, über die Empörung zu lachen, über mich selbst, ich versuchte, über den Gedanken an verätzte Lungen zu lachen, über Herrn Sowieso von Sandoz und Herrn Seveso von Roche, ich versuchte, über Hautkrebs zu lachen, ich versuchte zu lachen, weil es nichts zu tun gab, als zu lachen, ich versuchte zu lachen, weil ich fürchtete, in wenigen Tagen nichts mehr zu lachen zu haben, ich versuchte zu lachen und zu lachen, weil es mir einfach eingefallen war zu lachen, und dann zählte ich meine Zigaretten, rechnete den Pulverkaffee nach Tassen aus und die Weinflaschen nach Gläsern. Am Schlimmsten waren die Musikpausen des Lokalradiosenders. Die verrohte Gefühlsdummheit der Musik entsprach meiner Versimpelung.

*

Keiner, den ich anrief in dieser Nacht, hat mich gefragt, ob ich spinne. Jeder hat vielen Dank gesagt, er schliesse jetzt Fenster und Türen und höre Radio. Kein Telefonat dauerte länger als 60 Sekunden, die Menschen haben *unheimlich* rasch reagiert: Sie waren nicht erstaunt, sie waren nicht überrascht! Ich möchte auch heute nicht sagen, ein grosses Unglück sei schon lange erwartet worden, aber erstaunt hat es niemand, als die Giftwolke sich von Schweizerhalle aus erhob: Erstaunt sind wir auch heute noch über ihre „Ungefährlichkeit", und mir gibt es sonderbar zu denken, dass ich desto beunruhigter *werde,* je stärker die „Ungefährlichkeit" von Expertenseite betont wird. Immer unmöglicher wird es mir, mich von meiner eigenen Schuld zu distanzieren. Immer mehr wird mir das, was mir an mir selbst am liebsten ist, zum *Opfer* an die Chemische Industriegesellschaft: Ein Opfer, das hat einiges Sakrales, ein Opfer ist ein Verzicht, eine Gabe, auf die wir schmerzlich verzichten, an die Gottheit, damit diese uns gut sei. Mein selbst eingegangenes *Restrisiko, hier und so zu leben* – nichts weiter, als die Opferbereitschaft des indolenten Priesterdemokraten an seinen Gesellschaftsgötzen?

Von seinen Quellen bis zu seiner Mündung ins Meer durchfliesst der Rhein beidseits seiner Ufer *nur* demokratische Staaten.

Angesichts dieser Tatsache sich als schweizerischer, deutscher, französischer, holländischer Staatsbürger nur als empörtes Opfer fühlen, heisst, das Problem beiseiteschieben. Was machen wir als empörte schweizerische, deutsche, französische, holländische Demokraten offensichtlich falsch, dass wir überhaupt Opfer solcher Katastrophen werden können? Es kann sich nicht um ein Sicherheitsproblem handeln. Das Problem Sicherheit ist ein beiseitezulassendes. Sicherheit und nun eben erhöhte Sicherheit ist vorauszusetzen und sogar *nach* dem Sandozunglück voraussetzbar: „Sicherheit" ist so lange zu steigern, als es etwas zu sichern gibt.

Mangelnde Sicherheit ist dem Union-Carbide-Konzern in Bhopal *sicher* anzukreiden. Ebenso dem Sandoz-Konzern in Basel. Man hat offenbar wenig Ahnung von der Chemie, die man produziert. Es werden Produkte verkauft, von deren Auswirkungen man gar nichts wissen will und weiss. Man herrscht, aber man beherrscht nicht.

*

Die Maus läuft in die Falle, weil sie den Käse riecht, der ihr schmeckt. Wir haben ihn selbst hingelegt, die Sandoz in uns. Wir fressen ihn dauernd. Mäusepech?

Öffnete sich die Falle noch einmal am Samstagmorgen, den 1. November 1986, als um 7 Uhr die Entwarnung gegeben wurde? Darüber ist schon viel geschrieben worden. Jedenfalls: Ich öffnete die Fenster. Allein die Symbolik der Handlung beglückte mich. Ich Narr. Wann immer sie erfolgt, die Entwarnung, die Endwarnung, sie erfolgt immer zu früh.

P.S. Natürlich darf Union-Carbide in Bhopal nicht mehr produzieren. Der Konzern war wohl der grösste Arbeitgeber und Steuerzahler der Stadt.

Aus dem Tagebuch einer Mutter

Cornelia Kazis an ihre Tochter Hana (3½)

30. November

„Nicht wahr, Mama, die Pferde sind nicht tot", sagtest du heute, bevor du mit deinem Vater aufs Land fuhrst zum Reitstall, damit ich Ruhe hätte für die Arbeit an diesem Buch.

„Nein, die Pferde leben", antwortete ich und hatte dabei nicht das Gefühl, etwas Selbstverständliches zu sagen. Seit einem Monat reden wir viel über das Totsein, so sagst du dem Sterben. Du weisst, dass alle Fische im Rhein tot sind, und gehst jeden Morgen vor dem Frühstück in den Garten zum kleinen Weiher, um nachzusehen, ob deine Goldfische noch leben. Du hast gelernt, mit der Wahrscheinlichkeit ihres plötzlichen Todes zu leben. Unvoreingenommen nimmst du die Welt, die dir begegnet, als deine Welt an, während ich mir für dich, für mich, für uns, für uns alle eine andere Welt wünschte.

1. November

Du schliefst, den grauen Elefanten fest an dich gedrückt, in unserem Bett, als G. kurz nach vier anrief, weinte und von uns wissen wollte, ob es besser sei, sich in nasse Tücher zu hüllen und sich ins Auto zu setzen, um möglichst weit wegzufahren, oder hinter geschlossenen Fenstern und Türen abzuwarten, einfach zu warten, bis alles vorbei wäre. In unserem Haus roch es, als hätte jemand draussen im Garten zentnerweise Zwiebelhäute und bengalische Zündhölzer verbrannt. Langsam fand ich aus dem Schlaf zu dem, was G. zu berichten hatte. Ich wollte lieber zu Hause bleiben und abwarten, ging, als wäre es reine Routinesache, durchs Haus und schloss sämtliche Fenster, weckte deinen Vater und streichelte dich mit einer Hand, die weder zu mir noch zu dir eine Beziehung zu haben schien.

Den Transistor hatte ich leise gestellt und unters Kopfkissen gelegt. Neben dir ausgestreckt, wartete ich darauf, dass eine offizielle Stimme mir bestätigte, was G. zu berichten gehabt hatte.

Es war, als ob alles nicht zu mir gehörte, und doch nahm ich durch fast undurchdringbare Wände der Empfindungslosigkeit endgültig Abschied von einem zweiten Kind. Die Trauer über diesen geheimen Abschied blieb aus.

Dein Vater war inzwischen aufgestanden. Mir schien, dass er unendlich lange wegblieb, mich allein liess mit dir. Verlassen fühlte ich mich.

Ein Reporter vom Regionaljournal, den ich in der Radiokantine manchmal sehe und mit ihm ein Dutzend Worte wechsle, hatte mir inzwischen durch zehn Zentimeter Federn gedämpft mitgeteilt, dass alles so ist, wie ich schon dachte, dass es sei. Nun musstest du weiterschlafen. Hätte ich eine Stimme gehabt, um dir das alte Schlaflied zu singen von der Mutter, die Bäume schüttelt, von denen Träume fallen?

Als A., mein Mann, dein Vater, endlich kam, trug er ein Tablett mit Kerzen, Kaffee, Tee und Zopf vor sich her und sagte: „Noch einmal Tee, noch einmal Kaffee, noch einmal Zopf, noch einmal Frühstück." Er lachte, als er das sagte. Ich lachte auch und wusste, dass hinter dem Lachen die Tränen waren und die Gedanken an den Tod. Schlaf, Kindlein, schlaf, um Himmels Willen schlaf!

Später erzählte mir A., dass er mit seiner älteren Tochter, deiner Halbschwester, telefoniert hatte. N. ist neun Jahre alt. Ein Jahr jünger als Seveso. „Nicht wahr, jetzt ist es so wie in Seveso, wenn man rausgeht, bekommt man Pusteln aufs Gesicht", hatte N. gesagt und sich auch gleich eine Lösung für die katastrophale Lage ausgedacht. „Ich ziehe jetzt meine Waggislarve an, dann geht das Gift an den Waggis und nicht an mich." Ein Versuch, mit Magie und kindlicher Logik gegen den Schrecken anzugehen. Ich stellte mir N. vor, das zierliche, kluge Mädchen als derbe Fasnachtsfigur verkleidet in der nächtlichen Wohnung, hellwach unter der Larve. Das Bild half mir endlich zur Trauer. Später kam der Endalarm.

6. November

150'000 Fische tot, in Leibstadt AKW-Panne, das Aargauer Kantonsparlament findet nach wie vor, Kaiseraugst müsse gebaut werden, und der Baumbestand im Schwarzwald ist zu 71 Prozent geschädigt.

Du sassest mit mir am Frühstückstisch und knabbertest am harten Rand des Brötchens, während ich die Zeitung durchging und regungslos zur Kenntnis nahm, wie der Horror sich den Alltag eroberte. Eigentlich hatte ich geplant, ins Büro zu fahren, um meine Sendung über Tai chi vorzubereiten und mit X und Y zu telefonieren, um das nächste Projekt vorzubesprechen. Nun aber zog ich es vor, mich diesem Alltag zu verweigern, blieb bei dir und hoffte, aus der Depression zur Wut zu finden oder mit dir bäuchlings am Boden die Holzeisenbahn fahren zu lassen und mich immer wieder zu fragen, ob ich mich schuldig fühlen muss, dir das Leben gegeben zu haben.

15. November

Der Pferdekopf lag am Meeresufer, aus Augen und Nüstern wanden sich lebende Aale. Du kamst dazu und sagtest: „Siehst du, die Pferde sind tot, nicht die Fische." Du warst Hana und hattest dir Oskars Blechtrommel umgebunden. Ich streckte meinen rechten Fuss in den Pferdekopf, hob ihn leicht hoch und antwortete dir: „Was macht das denn noch für einen Unterschied?" Da hob sich das Meer und wurde blutrot. Eine Türkin kam dahergerannt und rief: „Manntje, Manntje, Timpe Te, Buttje, Buttje in der See!" Die rote Flut drohte uns zu überspülen. Ich packte dich unter den Arm, als wärst du eine Puppe, und rannte durch das Moor einer Pappelallee entgegen, verlor Oskars Trommel und wusste, dass ich keine

Zeit hatte, sie aufzuheben. Ich wusste, dass wir bei der Pappelallee gerettet sein würden. Du warst ganz leicht und lachtest. Ich schlug auf den Stamm der ersten Pappel mit der flachen Hand, wie früher beim Versteckenspielen, und erwachte.

Du lagst ruhig schlafend neben mir. Erleichtert stand ich auf und ging im Nebenzimmer etwas auf und ab, dachte an das Podium vom Nachmittag im Gewerbemuseum und fühlte Trotz, Mut, Wut und Lust am Leben. Bachmanns Brandrede über unsere Unzeitung, Saners sanfte Gifterklärung und Polts Bild vom bayerischen Alltagsfaschisten, der sich einen Schutzraum für Blutsverwandte gebaut hat, waren mir in die Knochen gefahren. Am Abend kamst du glücklich von einem Nachmittag bei deinen Grosseltern zurück. Spiel, Tee und Schokoladekuchen hatten dich zufrieden gemacht, und ich fühlte, dass du meinen Mut, nicht meine Traurigkeit brauchst: ich schulde dir meinen Widerstand. Und mir und uns auch.

30. November

Der Text fürs Buch war geschrieben, vorbei die halbe Stunde Fakkelzug im Quartier mit den üblichen Pöbeleien derjenigen, die ihre Wut fehlleiten. Ich war damit beschäftigt, aus einem grossen schwarzen Stück Stoff sechs kleine Stücke zu schneiden. Für jedes Fenster eine Trauerfahne. Zu Adventsbeginn ein Memento. Dann kamst du mit deinem Vater zurück vom Land und den Pferden, hocktest dich neben mich auf den Boden und schnittest ungelenk winzige Stoffetzen aus meinem Rest. „Für mein Puppenhaus", sagtest du, „damit das Gift nicht wiederkommt."

Fragen

Wir können Ihnen Ihre Zukunft nicht sichern,
aber vielleicht unsere

Schutzmasken

Modell Schuma.-Ha. Halbmaske komplett mit Aktivkohle-Filter, gegen Gase und Dämpfe, Stk. Fr. 97.-.

BGS AG, Abt. Atemschutz
Kapuzinergasse 20

Anzeige in der „Basler Zeitung" in der ersten Woche nach der Chemiekatastrophe.

„Die Chemie macht ihre Chemie, und manchmal macht sie einen Fi-fa-Fehler, und dafür ist die Versi-sa-sicherung da."

Urs Allemann, „Basler Zeitung", 22.11.1986

?

Woher eigentlich hat Sandoz am 19. November das Papier der „Zürich"-Versicherung bekommen, das die Gefährlichkeit der Lagerhalle 956 beschrieb, wenn die deutschen Grünen doch auch nur im Besitz einer Abschrift eines verschwindend kleinen Auszugs waren und das betreffende Aktenstück nach dem Unglück – wie hartnäckige Gerüchte wahrhaben wollen – auch im Archiv der „Zürich"-Versicherung plötzlich gefehlt haben soll?

Wer eigentlich glaubt denn, dass eine weltbekannte Versicherungsfirma über eine so entscheidende Risikoanalyse mit einem weltbekannten Chemiekonzern nur „mündlich" verkehrt?

Warum schweigt sich die „Zürich" in dieser Angelegenheit so penetrant aus?

Sind Geschäftsgeheimnisse dazu da, die Abklärung allfälliger Unglücksursachen zu behindern?

Warum hat nicht unverzüglich nach dem Unglück ein Staatsanwalt sämtliche Akten der Sandoz-Abteilung „Sicherheit/Ökologie/Qualitätskontrolle" beschlagnahmt?

Bei Sandoz gibt es nicht einfach irgendwelche Sicherheitsbeauftragte, die von der Direktion klein gehalten werden können, sondern eine Abteilung „Sicherheit/Ökologie/Qualitätskontrolle", die auf Konzernleitungsebene angesiedelt ist. Ein wesentliches Führungsorgan also. War es schlecht informiert? Oder ahnungslos? Oder verantwortungslos?

Wie andere Firmen auch, verhandelt Sandoz in der Regel nicht direkt mit den Versicherungen, sondern wickelt die Kontakte über sogenannte Makler-Firmen ab. Es gibt in der Schweiz nur eine Handvoll Makler-Firmen, die in der Branche als so seriös gelten, dass auch ein weltbekanntes Chemieunternehmen sich mit ihnen einlassen kann. Welche von ihnen hat Sandoz betreut? Hat sie nicht auch – wie es in dieser Branche üblich ist – Untersuchungen angestellt? Wenn ja, welche?

Bei Grossschäden ist es zum Beispiel in der BRD üblich, dass die betroffenen Firmen unabhängige Schadenexperten einsetzen, die abklären, wie gross der eigene Betriebsunterbrechungsschaden ist. Hat Sandoz einen solchen Experten beigezogen – oder wird der Schaden nur von Sandoz-Experten berechnet?

Der BVD (Brandverhütungsdienst für Industrie und Gewerbe) ist ein privates Kontrollorgan, das von seinen Mitgliedern – den Firmen – finanziert wird. Hat es darum die Lagerhalle 956 für gut befunden? („Weltwoche", 20.11.1986: „Mir hat die Halle sehr gut gefallen." Kommentar von Diplomchemiker Hans-U. Wäckerlig, der im Auftrag der Beratungsstelle des BVD die Sandoz-Halle 956 am 28. Oktober 1986 besichtigte.)

Welche Rolle spielt das Bundesamt für Privatversicherungen? Nimmt es seine Kontrollfunktion wahr?

Warum eigentlich wurde nur ein einziger Taucher eingesetzt, um den Rhein bei Schweizerhalle von Giftschlamm zu befreien, wenn doch immer gemeldet wurde, es handle sich um ein Wettrennen mit der Zeit? Warum wurde erst viel später ein zweiter Taucher zugezogen? Warum wurde erst Ende November („Neue Zürcher Zeitung", 29./30.11.1986) eine Spezialfirma aus Rotterdam zugezogen, die den Rheingrund im Bereich des Stauraumes des Kraftwerks Birsfelden reinigt?

Was eigentlich wird nicht nur im unmittelbaren Nachbargebäude der Unglückshalle 956, sondern auf der andern Seite der Kantonsstrasse, gleich zwischen Strasse und Rhein, in einem viel grösseren Lagerhaus gelagert? Stimmt es, dass es sich um höchst gefährliche Produkte handeln soll? Wenn ja, wie ist dieses Lagerhaus gesichert? Über was für ein Alarmsystem verfügt es? Und ist es mit Auffangbecken ausgerüstet?

Wer untersucht eigentlich, wie es diesbezüglich bei andern Firmen aussieht?

Wie ist es möglich, dass zwei „Doppelstab"-Journalisten sich in der Nacht vom 22. auf den 23. November längere Zeit auf dem Unglücksort und um Nebengebäude herumtummeln können, ohne entdeckt zu werden, wie sie es dann in ihrer Zeitung dokumentieren?

Nachwort

Hans Saner

Mit dem Risiko leben

Basel lebt riskant. Der wichtigste Garant seiner Prosperität ist zugleich der Ursprung seiner grössten Gefährdung. Die Chemie, zumindest im Stadtkanton schon beinahe eine industrielle Monokultur, ist mit zunehmender Verwissenschaftlichung immer grösser und profitabler geworden, aber auch immer gefährlicher. Man hat das Pulverfass zum Esstisch gemacht. Und da reichlich aufgetragen worden ist, hat man vergessen, an *welchem* Tisch man sitzt. Wer riskant lebt, ohne ein Risikobewusstsein zu haben, lebt weder intelligent noch tapfer. Seine Furchtlosigkeit ist lediglich die Dummheit, die der geglückten Verdrängung erwächst. Wenn er klug werden will, muss er das Fürchten lernen. Um fürchten zu können, müssen ihm die Augen aufgehen.

Vielleicht sind die Basler klüger geworden, für einmal über Nacht, obwohl nicht im Märchen. Die Chemie hat ihnen die Augen aufgerissen, unfreiwillig, und der Krisenstab hat, ebenso unfreiwillig, ihnen eine Lektion über die Kunst der Verdrängung erteilt. Sie hätte tödlich ausgehen können, wenn es nicht auch das Glück im „Unglück" gäbe. Dass die Katastrophe in der Hilflosigkeit ihrer Bewältigung auch noch zu einer internationalen Blamage geworden ist, ja zu einer Demütigung von Staat und Industrie, beweist, dass niemand auf sie vorbereitet war, weil niemand das alltägliche Risiko ernst genommen hatte. Das Mahnmal der Nacht, der tote Rhein, wird zwar nicht schnell vergessen lassen, dass Gift auch in Basel und für Basler giftig ist. Ob diese Mahnung sie allerdings klüger macht, wird sich erst darin zeigen, wie sie künftig mit dem Risiko leben.

Man hat uns in den letzten Wochen oft weismachen wollen, das Risiko Basels sei der Preis des Kantons für seinen Wohlstand. Das ist reine Metaphorik, die mehr verschleiert als erklärt. Ein Preis ist kalkulierbar. Er gibt exakt an, was und wieviel eine Ware oder eine Dienstleistung kostet. Ein Risiko ist bloss abschätzbar. Es zeigt eine Gefahr, die *vielleicht* eintrifft. Durch die Entrichtung eines Preises kauft man etwas; ein Risiko nimmt man in Kauf für etwas. Einen Preis muss man bezahlen, ein Risiko verantworten. Der Preis kennt keine Ausnahme, das Risiko keine Regel. Wer ein Risiko zu einem Preis machen will, verhält sich wie ein Händler, der zu seinem Kunden sagt: „Mein Herr, dieses Buch kostet 52 Franken, aber vielleicht auch ihren Kopf; warten wir's ab." – Ein Risiko ist nämlich eine nie fixierbare Spannung zwischen einem angestrebten Nutzen und einer nicht gewollten, aber möglichen Schädigung. Um es zu bestimmen, muss man seine möglichen Ursachen und möglichen Wirkungsweisen und den Grad seiner Wahrscheinlichkeit erforschen. Man sagt dem Risiko-Analyse. Um es zu verringern, muss man die erkannten oder vermuteten Schadkomponenten eliminieren und darüber hinaus für alle Fälle zusätzliche Sicherungen einbauen. Da moderne komplexe Technologien sehr störanfällig sind, gleichsam sensibel, spricht man heute gerne von einem Restrisiko. Man sollte die Vokabel nur gelten lassen, wenn das Mögliche im Abbau der Risiken auch wirklich getan worden ist. Sonst wird sie sofort zum Bestandteil einer Ideologie, die den Leichtsinn zum Schicksal macht und das Vermeidbare zur Unabwendbarkeit.

Meint die Chemie überhaupt das gleiche, wenn sie von ihren Risiken in der Gesellschaft spricht, wie der Staat, wenn er von seinen Risiken angesichts der Chemie spricht? Wohl kaum.

Die Risiken der Chemie in der Gesellschaft sind die Risiken eines Betriebs in einer besiedelten Umwelt. Sie haben ein ungefähres ökonomisches Äquivalent und sind mit diesem durch ein allgemeines Tauschmittel verbunden: das Geld. Man geht Risiken nicht gerne ein, weil ein „Ereignis" Geld kosten könnte, und zwar viel in dichtbesiedelten Agglomerationen. Andrerseits hat auch der Abbau der Risiken einen Preis. Wenn dieser höher ist als der Preis der immer schon versicherten „Ereignisse", geht man das Risiko im Normalfall ein. Man nennt das „Eigenverantwortung" und meint Nutzen-Schaden-Analyse. Man verwendet einen ethischen Terminus für ein ökonomisches Verfahren: die rationalisierte Wirtschaft *ist* die Ethik. Wenn man aber von einem sklerotischen Geiz befallen ist – und das soll ja in Basel epidemisch sein –, geht man auch grössere Risiken ein. Die Verführung liegt immer nahe, weil die Risiko-Kosten nur *mögliche* Kosten sind, die Risiko-Abbau-Kosten aber *wirkliche*. Man nennt auch dies „Eigenverantworung" und meint damit ein Hasard-Spiel, von dem man eigentlich wissen müsste, dass es à la longue nicht gut ausgehen kann. Aber was hat man zu befürchten, wenn man sehr viel Geld hat und wenn alles „begleichbar" ist: Menschenleben mit Renten, Flüsse mit Entschädigungen, vergiftete Luft mit Arbeitsplätzen und eine Katastrophen-Nacht mit neuen Versprechen? Die Halbwertszeit des Gedächtnisses ist kürzer als die des Kapitals, und deshalb wird sich alles ergeben. Schweigen und Warten sind Gold.

Die Risiken des Staates angesichts der Chemie sind dagegen primär ausser- und überökonomische Gefahren. Indem er in eine industrielle Monokultur hineinschlittert, geht er das Risiko ein, sich von dieser über das Ökonomische hinaus auch politisch und gesamtkulturell abhängig zu machen. Er kann im Grenzfall zu ihrer Beute werden. – In der Abhängigkeit geht er das Risiko ein, nicht mehr orientiert zu werden über die vitalen Risiken, die man seinen Bürgern stillschweigend zumutet. – Inmitten einer ganz und gar verwissenschaftlichten Technokultur geht er zudem das Risiko ein, dass seine Beamten gar nicht mehr ermessen können, welche Gefahren effektiv vorhanden sind. Vielleicht können es auch die Industriellen und ihre Manager nicht mehr hinreichend. Die Kultur wird zum Blindflug. – Wenn aber etwas passieren sollte, dann muss er, der Staat, die moralische Verantwortung übernehmen; denn er – und nicht die Industrie – ist das Versprechen eingegangen, seine Bürger zu schützen. Wenn er das nicht mehr mit Gewissheit tun kann, läuft er Gefahr, seine raison d'être zu verlieren. Was aber immer geschehen mag: niemals ist es ihm erlaubt, Opfer ökonomisch zu verrechnen. Er muss das Bewusstsein wachhalten, dass man weder Tote noch für Tote „entschädigen" kann. Der Tod eines Bürgers ist nicht „begleichbar".

Diese Differenz hat unterschiedliche Ansätze im Risiko-Abbau zur Folge: Die Wirtschaft wird immer *probabilistisch* und *ökonomisch* denken. Etwa so: Wenn die *Wahrscheinlichkeit* gewisser Risiken zu hoch ist, dann ist es klüger, sie im Rahmen bestimmter Mittel – es sind keineswegs beliebige – zu senken. Mit dem dann noch verbleibenden Restrisiko *müssen* wir leben. Wenn dann noch etwas schiefgeht, werden wir eben entschädigen, mit Hilfe der Versicherungen. Und dann beginnt ein neuer Tag. – Da der Staat das Leben seiner Bürger nicht ökonomisch verrechnen darf, muss er *potentialistisch* und *moralisch* denken. Etwa so: Wenn in einer dichtbesiedelten Agglomeration zum Beispiel in grösseren Mengen Phosgen gelagert wird, dann besteht prinzipiell die *Möglichkeit,* dass dieses durch einen nicht vorhersehbaren Unfall sich verflüchtigen und Tausende von Menschen schwerstens schädigen kann. Deshalb *soll* es nicht dort und nicht so gelagert werden. Und daran ändert die noch so kleine Wahrscheinlichkeit eines Unglücks nichts. Die Möglichkeit geht der Wahrscheinlichkeit voraus, wie übrigens auch die Moral der Ökonomie vorausgehen soll.

Natürlich ist ein schwerer Konflikt angelegt, wenn beide Seiten strikt nach ihren Ansätzen denken. Die Industrie fühlt sich in ihren Interessen durch den Staat geschädigt und der Staat sich in seiner Aufgabe durch die Industrie beeinträchtigt. Was immer an gegenseitigen Rücksichten möglich werden mag: bei Unvereinbarkeit muss sich der Staat durchsetzen. Er ist nicht ein Teil der Industrie, sondern die Industrie ein Teil von ihm oder jedenfalls ein Teil der Gesellschaft. Insbesondere muss er schon der Möglichkeit nach die schweren Gefährdungen von Mensch und Umwelt verhindern. Das geht nicht ohne Einschränkung der Produktion, der Lagerung und des Vertriebs bestimmter Chemikalien. Um eine sichere Regelung zu erreichen, genügt es vermutlich nicht, dass die Bosse vom Pferd herunter- und die Politiker von den Knien hochkommen. Der Schutz muss verrechtlicht werden. Das moralisiert die Industrie zwar nicht. Aber es zwingt sie, falls die Gesetze gut gemacht sind, ökonomisch so zu handeln, als ob sie moralisch wäre. Wir könnten dann wieder mit dem Risiko leben.

Die Basler sind übrigens klüger geworden, wenn sie der Regierung und der Chemie keine Ruhe mehr geben, bis man das Ausmass der Risiken kennt: durch eine ehrlichere Chemie, und, bis die Risiken in ihrer Möglichkeit abgebaut sind: durch eine sanftere Chemie.

Die Autorinnen und Autoren

Iso Ambühl, freier Journalist, Basel.

Jürg Bürgi, Journalist, Basel, Schweizer Korrespondent des Nachrichtenmagazins „Der Spiegel".

Paul Burkhalter, Moderator für Radio und Fernsehen (Radio DRS, 3-SAT), Basel.

Fred David, Korrespondent der „Weltwoche", Bonn.
Aus: „Weltwoche", 20.11.1986

Joschka Fischer, Umweltminister des Landes Hessen, Wiesbaden.
Aus: „Weltwoche", 20.11.1986

Astrid Frefel, Wirtschaftsredaktorin beim „Tages-Anzeiger", Zürich.
Aus: „Tages-Anzeiger", 22.11.1986

Cornelia Kazis, freischaffende Journalistin, Basel, und Fachredaktorin für Familienfragen bei Radio DRS.

Peter Knechtli, freier Journalist, Basel.
Interview mit Hanspeter Schelling aus: „Berner Zeitung", 24.11.1986

Andrea Müller, Redaktor bei Radio DRS, Regionaljournal, Studio Basel.

Erwin R. Müller, Redaktor bei „Politik und Wirtschaft" und Landwirt, Curio (TI).
Aus: „Politik und Wirtschaft", Dezember 1986

Adolf Muschg, Schriftsteller, Kilchberg (ZH).
Beitrag in „Echo der Zeit", Radio DRS, 20.11.1986

Tadeus Pfeifer, Schriftsteller, Basel.

Joachim Rittmeyer, Kabarettist, Basel.
Aus: „Berner Zeitung", 15.11.1986

Hans Stefan Rüfenacht, Wissenschaftsredaktor bei Radio DRS, Basel.

Hans Saner, Publizist, Basel.

Vreni Schmidlin, Texterin, Oberwil (BL).

Hansjörg Schneider, Schriftsteller, Basel.
Aus: „Badener Tagblatt", 8.11.1986

Gilli Stampa, STAMPA Basel, Galerie und Buchhandlung für zeitgenössische Kunst.

Linda Stibler, freie Journalistin, Basel.

Ursula Stingelin, Malerin, Basel.

Aus unserem Sachbuchprogramm

192 Seiten mit zahlreichen Fotos

Fr. 20.–

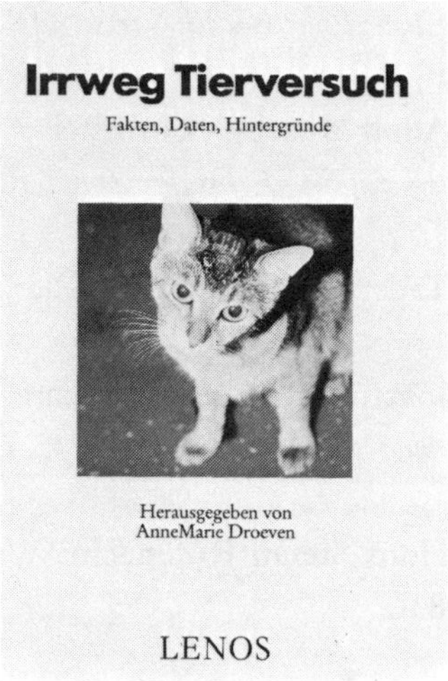

288 Seiten mit Fotos

Fr. 29.–

340 Seiten mit zahlr. Dokumenten

Fr. 30.–

272 Seiten mit Fotos

Fr. 29.–